本书出版得到

国家重点文物保护专项补助经费资助

米脂官庄画像石墓

榆林市文物保护研究所
榆林市文物考古勘探工作队　编著

文物出版社

北京·2009

主　　编　乔建军

副 主 编　姬翔月

封面设计　周小玮
责任印制　陆　联
责任编辑　王　伟　杨新改

图书在版编目（CIP）数据

米脂官庄画像石墓 / 榆林市文物保护研究所，榆林市文物
考古勘探工作队　编著. – 北京：文物出版社，2009.12
　　ISBN 978-7 -5010-2843-6

　　Ⅰ. 米… 　Ⅱ.①榆…②榆… 　Ⅲ. 画像石墓 – 发掘报告 –
榆林市 – 汉代 　Ⅳ. K879.425

中国版本图书馆 CIP 数据核字（2009）第 167792 号

米脂官庄画像石墓

榆 林 市 文 物 保 护 研 究 所
榆林市文物考古勘探工作队 编著

*

文 物 出 版 社 出 版 发 行
（北京东直门内北小街 2 号楼）

http://www.wenwu.com

E–mail: web@wenwu.com

北京君升印刷有限公司印刷
新 华 书 店 经 销
889 ×1194　1/16　印张：18　插页：3
2009 年 12 月第 1 版　2009 年 12 月第 1 次印刷
ISBN 978-7-5010-2843-6　定价：280.00 元

Tombs with Painted Stones at Guanzhuang, Mizhi

Compiled by

Yulin Municipal Institute of Cultural Heritage Management

&

Yulin Municipal Cultural Heritage and Archaeology Prospecting Team

Cultural Relics Press

Beijing · 2009

目　录

插图目录

彩 版 目 录

壹　概况

一　地理环境

米脂县位于陕西省北部东侧，无定河中游。古代县境宽广，含今榆林、横山、子洲、绥德县部分地域。以后县境渐小，今东西长59公里，南北宽47公里，土地总面积1212平方公里，占榆林市总面积的3%。县界呈西北斜向的"凹"字形，北承榆林，南连绥德，东接佳县，西邻横山、子洲，处于陕北高原腹地。

米脂县地貌主要以峁、梁、沟、川为主，属典型的黄土高原丘陵沟壑区，地表破碎，植被稀疏，梁峁交错，沟壑纵横。地势东西高中间低，最高海拔1252米，最低海拔843.2米。县域西北部与榆林的风沙区接壤，沟道浅而宽，梁峁起伏较大，土壤风蚀沙化明显，植被稀少，水土流失严重。县域东南部丘陵起伏，坡陡沟深，侵蚀严重，经过治理，有明显改观。中部为无定河川道地带，面积约24平方公里。县境土壤以黄土性土壤面积最大，其中黄绵土分布于东南区，占总土壤面积的67.19%；绵沙土主要分布于西北区，占总土壤面积的25.84%。

该县属中温带半干旱性气候区，四季分明，日照充沛，气候干燥，春季多风。季度、昼夜温差较大，年平均气温8.5℃。雨量不足，年平均降雨量451.6毫米，64%集中在7~9月，夏多暴雨①。

境内河流属黄河水系，除东部一小部分为乌龙河流域外，大部分为无定河流域。无定河南北向穿境而过18.9公里，有支流9条。

官庄是米脂县银州镇的一个行政村，位于米脂县城西南2.5公里处。官庄正是处在地势优越的无定河川道内，背山面水，海拔高度870米左右。当地人习惯将村子北部称为大官庄，南部称为小官庄。这里地貌原是西高东低的缓坡地带，20世纪六七十年代土地平整时被修理为梯田地。随着生活条件的改善，村民们逐渐离开难走的山坡坡而到平坦开阔的台地上起楼盖房，另辟新宅。亘古不变的无定河水为当地的农耕生产提供了坚实的保障，米脂因"地有米脂水，沃壤宜栗，米汁淅之如脂"②得名，官庄更是一块地肥水美的宝地，自古至今都是米脂最富庶的地方。

2005年发掘的画像石墓地位于无定河西岸的大官庄，处在二级台地上，地理坐标为东经

---

① 米脂县志编纂委员会：《米脂县志》，陕西人民出版社，1993年。
② 光绪本《米脂县志》。

图一 2005年官庄墓地地理位置示意图

110°09′51.7″，北纬37°44′51.5″。墓地东依织女渠，与东面的米脂火车站仅200米之遥（图一；彩版一）。墓地上已经建起一些二层楼房，三三两两地散布着，大多村民则趁着春暖花开的季节开始整修地基，所以整个墓地到处开槽堆料，显得杂乱无章（彩版二，1）。

二 历史沿革

第三次全国文物普查结果显示，米脂县共发现文物遗迹1015个，其中新石器时代遗址427个，占总数的42%①。这一结果充分表明，早在五六千年前，米脂境内就有密集的人类择水而居。

商代米脂一带有龙方、鬼方部族居住。商后期到西周初期，米脂在翟国范围内。

春秋时期，米脂由白翟占据。前635年，晋文公重耳以"尊王攘夷"名义率军过黄河攻打戎翟，占据圁水（无定河）、洛水之间大片土地，翟人降晋，米脂归于晋国。战国时期，韩、赵、魏三家分晋，米脂一带划入赵国疆界。后由魏国统辖，置上郡，领十五县。

魏惠文王后元五年（前330年），秦国军队在雕阴（今富县、甘泉间）打败魏军，两年后魏襄王将上郡十五城（含米脂一带）献纳秦国。周郝王三十八年（前297年），赵惠文王向西扩大地盘，从秦手中夺回肤施等县，米脂又归赵国。周郝王四十五年（前270年），秦昭王反击赵，再夺上郡失地，米脂又归秦上郡。

秦国沿袭旧制，米脂属上郡肤施县。秦二世三年（前207年），楚灭秦，将上郡更为翟国。汉高祖元年（前206年），复故。

汉元封五年（前106年），全国划分为十三个刺史部。上郡隶属并州刺史部，治所肤施，米脂属独乐县。东汉建立后，取消独乐县，米脂归入肤施县。永元元年（89年）又设独乐县，境内汉、羌杂处。永初五年（107年），朝廷镇压羌胡叛乱失败，郡治由肤施迁至衙县（今陕西白水县东）。永建四年（129年），郡治迁回肤施。永和五年（140年），羌胡再次变乱，郡治又迁至夏阳（今陕西韩

---

① 2009年全国第三次文物普查、陕西省榆林市文物普查汇总表。

城县南），肤施、独乐县汉民全迁邠州。此后羌胡人占据今陕北大部分地方，无建置。建安二十年（215 年），并州刺史部所属郡县俱废。

三国两晋时期，上郡一直由羌胡占据。晋义熙三年（407 年），匈奴人建立大夏国后撤销上郡，米脂归大夏。

南北朝时期，米脂先属化政郡革融县，后归大斌县，后又改属安政郡抚宁县。北周保定三年（563 年）正月，在乞银城设置银州，米脂长期隶属银州。因此，后人又称米脂为古银州。

隋唐时期，米脂一带战事频繁，辖域和地名多有变更。

宋代，米脂属西夏统治下的银州，今县城所在地出现米脂寨。元丰四年（1081 年），宋军夺回米脂寨，隶于延州。元祐四年（1089 年），宋与西夏议和，又将银州（含米脂寨）割让西夏。元符元年（1098 年）宋收复米脂寨。金天会六年（1128 年），金兵占领米脂寨等地。元太祖二十一年（金正大三年，1226 年），设米脂县，属陕西省延安路绥德州。

明代，米脂县属陕西布政司延安府绥德州。崇祯十六年（1643 年），李自成在西安建立大顺朝，改延安府为天保府，米脂县为天保县。

清顺治元年（1644 年），天保县复为米脂县（属延安府）。雍正三年（1725 年），设绥德直隶州，米脂县改属绥德州。

民国二年（1913 年），米脂县改属榆林道。民国十五年（1926 年），撤销榆林道，米脂县直属省辖。民国二十四年（1935 年），陕西省设十个行政督察区，米脂县属第一督察区（榆林）。民国二十六年（1937 年），米脂县划归陕甘宁边区，隶于绥德专区。

新中国成立后，米脂县仍属陕西省绥德专区。1956 年，绥德专区并入榆林专区，米脂县转属榆林专区。1979 年，榆林专区改称榆林地区。2000 年，榆林地区改为榆林市，米脂县隶属榆林市，一直至今[1]。

官庄在民国时期归属米脂县第一区南关镇。抗日战争、解放战争时期划入十里铺区。新中国成立后，于 1952 年增设官庄区，辖官庄等 6 乡。1956 年全县改为 1 镇 4 区和 2 个直属乡，官庄是其中的一个直属乡。1958~1965 年，官庄归城郊人民公社管辖。1965 年 10 月撤销城关公社，改城郊乡。1984 年 7 月原建置取消，改为乡（镇）、行政村、自然村，官庄归入城郊乡。2001 年 11 月，城郊乡更名为银州镇，官庄村属银州镇，一直至今。

三　墓葬的发现与发掘

米脂地近边陲，历来为兵家争夺之地。在结束了长期纷争的动荡局面后，汉代边地的经济与文化和中原一样得到大力发展。此历史史实可与考古资料相互印证。米脂境内发现多处汉代遗址、墓葬，出土有铜、铁、陶器等。而在无定河川道区的官庄、尚庄、党家沟等地发现的大量汉代画像石，

---

[1] 米脂县志编纂委员会：《米脂县志》，陕西人民出版社，1993 年。

更是有力证明了这一点。

　　官庄是米脂出土画像石最多的地方，早在20世纪50年代就有画像石发现，70年代以后发现的墓葬大多按考古发掘程序进行清理。1971年4月，官庄村民在修梯田时发现汉墓，陕西省博物馆与陕西省文管会联合发掘清理墓葬4座（编号M1~M4），共出土画像石47块①；1978年，在官庄小学东南的一座汉墓中发现一块纪年石；1981年征集的"牛君"狩猎图画像石出自官庄小学南边的一座墓中（编号M5）；1980年秋，村民在施工中发现一座墓（编号M6），1981年8月，陕西省第二次文物普查时清理，出土画像石16块②；1981年，米脂县博物馆征集到官庄汉墓出土的画像石18块③，墓葬位置已无法确定；1985年，村民艾文化在修建住宅时发现一座汉墓（编号M7），榆林地区文管办进行抢救性清理，出土画像石24块④；1998~2000年期间，官庄一座画像石墓（编号M8）被盗，2001年米脂县博物馆征回其中的22块画像石，另有4块画像石在2004年由米脂县公安局移交给博物馆。以上画像石墓葬主要集中在小官庄。

　　2005年，官庄村民在无定河西岸的二级台地上大规模修建住宅。3月底，村民艾绍红在处理地基时发现一座墓（编号05M1），并向米脂县博物馆反映了此情况。榆林市文物保护研究所接到消息后立即向陕西省文物局报告，经同意，于3月29日~4月1日抢救清理了该墓葬。05M1除在前室顶部和后室西侧发现早年盗洞外，又在施工过程中将前后室间的结构破坏掉，市文研所的同志到达时，现场凌乱，前室北壁的横楣石和左边柱石已被抬到了墓外的空地上。发掘期间，正属春季，气候干燥，又遇恶劣的沙尘暴，再加上修建导致的地面上积有几十厘米厚的黄绵土，这些不利因素给发掘工作带来极大不便，到4月1日晚上7点多钟，画像石才从墓中全部拆卸后包装，随即连夜运往榆林市文研所入库保管。

　　4月20日，考古工作者再次进驻官庄村。在已清理的05M1的西北方向又暴露出一座墓（编号05M2），墓葬后室南部遭施工破坏，南壁镶嵌的画像石被移离原位。由于墓葬早期曾被盗掘数次，考虑到安全问题，发掘只能采取大揭顶的办法。在清理过程中，发现墓壁上色彩鲜艳的画像石和铭文刻石后，考古工作者为了防止画像石上颜料变干剥落，在墓圹上方蒙了一层厚塑料布，墓室内空气特别潮湿闷热，画像石清理以及现场文字记录、绘图、照相等工作就是在这种情况下认真细致地进行的。最困难的是画像石的揭取工作，几百斤重的石头要七八个人才能抬动，考古工作者想尽一切办法才让这些文物没有受到丝毫损伤（彩版二，2）。在清理05M2的同时，又在其东边不远处钻探出一座墓（编号05M3），随后即开始发掘清理。因为墓距地表较深，又是有计划的发掘，所以完整地保留了早期盗扰后的状况。5月6日，发掘工作全部结束，出土的画像石被安全运送到了榆林市文研所（图二）。

①　陕西省博物馆、陕西省文管会写作小组：《米脂东汉画像石墓发掘简报》，《文物》1972年第3期。
②　吴兰、学勇：《陕西米脂县官庄东汉画像石墓》，《考古》1987年第11期。
③　李林、康兰英、赵力光：《陕北汉代画像石》，陕西人民出版社，1995年。
④　榆林市文管会、米脂县博物馆：《米脂官庄村东汉画像石墓清理简报》，中国汉画学会、北京大学汉画研究所编《中国汉画研究》第二卷，广西师范大学出版社，2006年。

需要说明的是，由于墓道处在现代住房或地基下，三座墓均清理了墓门外的一小部分，整个墓道的形制和规模依靠钻探获得信息。此次还对墓地2万余平方米范围内进行了重点钻探（彩版三，1）。根据钻探情况看，该墓地再无其他文化堆积，由东而西地层堆积一致，只是厚度有所不同。以此次发掘的墓葬所在地为例，说明如下：

第1层：耕土层，厚度0.3米，内含废弃杂物、植物根系等。

第2层：回填土层，厚度0.3~2米，土色泛黄，土质松散。

第3层：黄粉沙土层，厚度2~3.5米，为冲积沙土层，土色淡黄，土质松散。

第4层：黑油土层，厚度3~4.5米，为天然冲积层，土色纯净，土质较硬。

2005年米脂官庄画像石墓发掘领队为闫宏东，先后两次参加发掘工作的有榆林市文研所

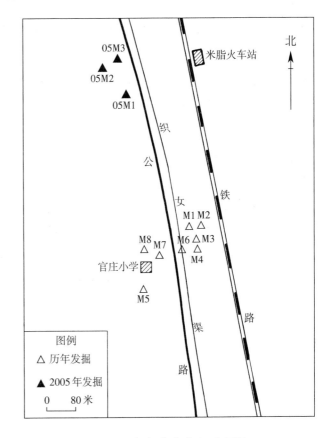

图二　官庄墓葬分布示意图

的乔建军、闫宏东、姬翔月、康卫东、郝建军、乔建新、艾季春等，榆林市考古勘探工作队的袁政，米脂县博物馆的杜伟、马林军等。米脂县文化局、博物馆和稽查队对此项工作给予了大力支持，并自始至终积极配合，帮助解决了村民土地经济赔偿、民工用工、画像石运输等问题。尤其是稽查队的同志，在考古工作开始之前轮流值班昼夜看守墓地，并在发掘期间严格维护现场秩序。我们为他们付出的努力和艰辛劳动表示诚挚的谢意。

米脂官庄画像石墓的发掘工作得到省、市各级领导的高度重视。陕西省考古研究院的部分领导专程赴现场指导工作；榆林市文化文物局的李博、张竹梅等领导十分关注此项工作，亲临考古工地检查工作情况，并就如何保护好出土画像石提出要求和建议（彩版三，2）。发掘期间，中央、省、市电视台对这一重要考古发现相继做了新闻报道。发掘工作结束后，《中国文物报》介绍了墓葬及画像石的有关情况①。

四　资料整理与报告编写

2005年冬天，报告的编撰者整理了墓葬的文字和图纸资料。之后的两年，由于画像石的修复、

---

① 乔建军、闫宏东、姬翔月：《陕西米脂官庄发掘汉画像石墓》，《中国文物报》2005年8月19日。

照相、临摹等一系列保护研究工作的经费无着落，所以一直不能打开画像石包装，编写报告的事情也就被搁浅。2007年年底，榆林市汉画馆筹备陈列展览，2005年发掘的米脂官庄05M2最终被确定在汉画馆内复原展出。在时间紧、任务重的紧急形势下，榆林市文研所乔建军所长多方调用技术人员，在短短二十天内便完成了所有亟待解决的问题。西北大学对05M2出土的21块画像石修复后进行化学封护处理，还提取了画像石彩绘颜料进行化验分析；延安市文物研究所王沛所长为画像石照了相；赵赋康等临绘了画像石的线图；拓片由马海燕、田蕊、乔建新等同志完成。借此机会，05M1、05M3关于报告所需资料的问题也一并得到解决。编写报告的工作随后正式展开。

报告中的画像石和器物号都是沿用田野考古发掘时的出土编号。为显示画像石内容的完整性，画像石的编号以组为单元，每组画像石又分别给以分号，如05M1墓门5块画像石即编为M1：1-1~M1：1-5。画像石在墓中位置的左、右之分以观者面对画像而言。

本报告是关于2005年米脂官庄画像石墓发掘的最为翔实的科学资料，凡相关报道中与本报告不符者，均以本报告为准。

贰 墓葬

2005年发掘的三座画像石墓位于同一台地，它们呈三角状分布。该台地因修建现代住宅，地面已被推土机修理平整。三座墓按清理时间先后顺序依次编为05M1、05M2、05M3（以下简称M1、M2、M3）（附表一、二），现分述如下。

一 一号墓（M1）

位于墓地南部，开口于现地表，原墓葬封土不详。

1. 墓葬形制

该墓为砖室墓，由墓道、封门、墓门、甬道、前后墓室等部分组成，平面呈"凸"字形。墓葬坐北朝南，墓向350°（图三）。

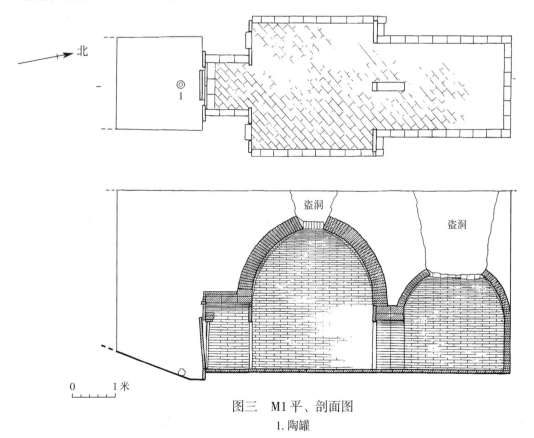

图三 M1平、剖面图
1.陶罐

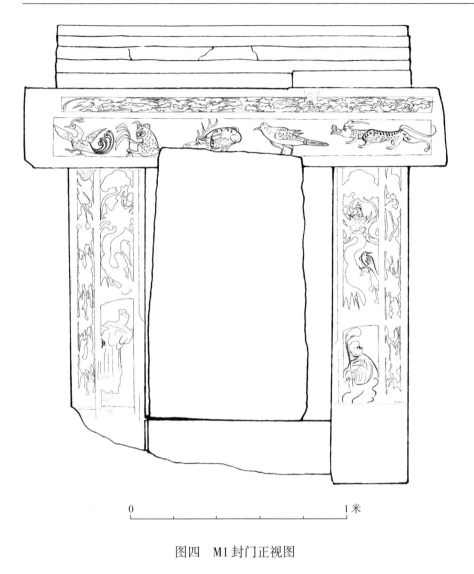

墓道：因部分墓道被村民住宅覆压，故仅清理了一小部分。经钻探得知，墓道平面近似长方形，长10.2、宽1.6~2.1米。底呈斜坡状，坡度21°，墓道最深处4.2米。墓道内填五花土，质地较硬，内含碎砖块、料礓石、植物根茎等。在墓道底距墓门0.5米处发现1件泥质灰陶罐。

封门：为一块砂岩石板，呈长方形，高123、宽69、厚5.5厘米，边缘修饰不甚平整。石板竖立于墓门正中，上部紧靠墓门外壁，下部搁置于墓门门限之上（图四；彩版四，1）。

墓门：墓门由页岩制成，由门梁石、横楣

图四　M1封门正视图

石、左、右门柱石、左、右门扉石和门限石等石构件组成，组合完整（彩版四，2）。墓门宽1.95、高1.76米。横楣石和左、右门柱石紧靠甬道外壁，横楣石上平置4层条石，最下层伸出横楣石5厘米。横楣石由于顶部石块的重压而残断为二，右半部下陷1厘米。门梁石共两块，上下叠压，置于横楣石之后，呈长方形，长92、宽19、厚6厘米，在靠横楣石一侧的两端各有一个圆形缺口，缺口长10、宽7厘米，以此纳门扉石两上枢。门扉石保存完好，立于门限石之后，上部微向内倾，只可向外推拉。门限石嵌于左、右门柱石之间，长方形，表面磨光，上宽84、下宽80、高24、厚7厘米。横楣石和左、右门柱石等在安装时与墓道两壁间的缝隙以泥土填实，横楣石西距墓道生土壁10厘米，东距墓道生土壁4厘米。墓门石构件中横楣石、左、右门柱石、左、右门扉石均为画像石。

甬道：拱券式，平面基本呈方形，宽1.04、进深1.06、高1.48米。两壁砖墙的结构为顺砖错缝平砌，墙高1.26米，靠墓门处的砖墙上为单层砖券顶，靠墓室的砖墙上为双层砖券顶。甬道顶平置一长方形石板，长1.6、宽0.8米，打磨平整，与券砖之间用黄土填充。甬道内1.05米高度处横铺一层石板，两端嵌入甬道两壁的砖墙内，石板上垫黄土用以支撑门梁。地面紧靠门扉处顺砖横铺二层，以防止门扉向里位移。

墓室：墓室平面呈"凸"字形，分前、后室，中间以过洞相连，为一次性筑就（彩版四，3）。修筑墓室的方法为先开挖"凸"字形土圹，土圹通长6.24米，然后以青砖筑砌前室、后室及过洞；其中较宽的部分为前室，较窄的部分为后室及连接前室的过洞。

前室为正方形，室内边长2.82米，顺砖错缝平砌砖墙，至高1.42米处开始用丁砖错缝平砌，并四壁起拱内收，成四角攒尖顶。砖砌的墓室外表夹有砖楔，在靠近甬道的左、右两拐角处用顺砖和丁砖不规则地垒砌三层，以加固券顶。结尖处用丁砖封实。前室通高3.14米。

前室南、北两壁的壁面上分别镶嵌一组画像石。南壁5石，横楣石装置在墙壁高1.06米处，左端伸入砖墙及生土墙0.36米；右端伸入砖墙及生土墙0.24米。甬道两边的门柱石间距离0.94米，分别向甬道内伸进5厘米；左门柱石插入地下0.28米，右门柱石插入地下0.23米。靠东、西两壁分别装有边柱石，较窄，外端夹入两壁砖墙内，左边柱石插入地下0.21米，右边柱石插入地下0.29米（图五）。

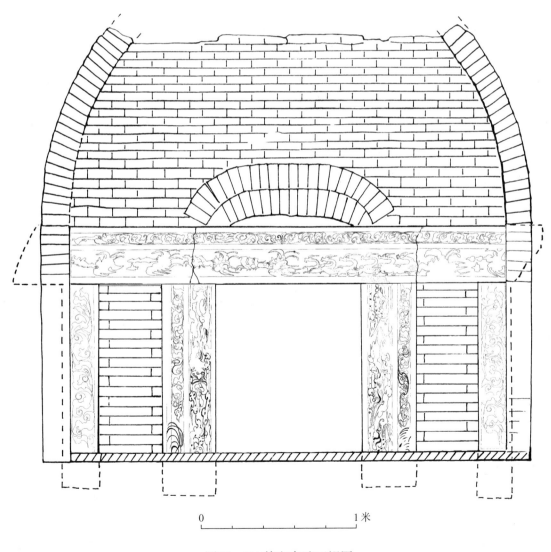

0 　　　　　　　　　　　1米

图五　M1前室南壁正视图

北壁4石，横楣石在紧靠前室东、西砖墙处装置，两边柱石内侧与后室墙壁齐平，左边柱石插入地下0.16米，右边柱石插入地下0.22米。横楣石及边柱石与后室两壁生土墙间的空隙用顺砖或残半砖平叠填充，砖墙同时起到加固画像石的作用。中间位置立一石柱，高117、宽19.5、厚10厘米，插入地下0.11米，无画像。

前后室之间的过洞宽1.82、进深0.65、高1.1米，由中柱石后的砖墙将空间分割为两个门洞；门洞两侧于高1米处开始起双层砖券。前室北壁横楣石紧贴券洞安置。

后室平面呈长方形，南北长2.32、东西宽1.82米，于高1米处开始以青砖起券内收，亦为四角攒尖顶，砖墙的砌法为通体用顺砖错缝平砌。后室顶部有直径约1.4米的盗洞，墓葬遭破坏严重，后室残高约2.1米。在后室中部距墓室底0.5米处发现4枚铜五铢钱，填土中见几片碎陶片。

M1用砖规格为32×16×5.5厘米，一面施有绳纹（彩版四，4）。墓室底部以青砖铺成"人"字纹，绳纹面上。

2. 随葬品

M1遭严重盗扰，随葬品仅见1件陶罐和4枚铜五铢钱。

陶罐　1件。标本M1：4，泥质灰陶。敞口，宽沿外卷，沿上内外通一孔。方圆唇，唇上有一周凹槽。圆肩，腹部斜收，平底略内凹。器身低矮，颈下饰一周折线状刻划纹，最大腹上饰两周相同纹饰。口径8、底径16.7、高20厘米（图六）。

铜五铢钱　4枚。均有边廓，穿长、宽均为0.95厘米，"五"字交笔弯曲柔圆，"铢"字"金"字头呈等边三角形，"朱"字上下两笔均为圆折。标本M1：5，直径2.45、厚0.08厘米（图七，1）。标本M1：6，直径2.6、厚0.1厘米（图七，2）。标本M1：7，直径2.55、厚0.1厘米，穿下有一凸点作为标记（图七，3）。标本M1：8，直径2.55、厚0.1厘米（图七，4）。

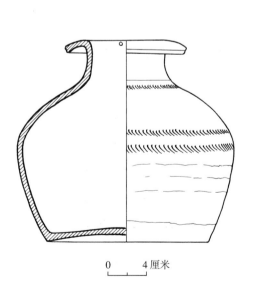

0　　4厘米

图六　M1出土陶罐（M1：4）

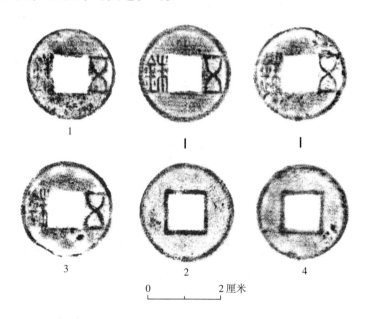

0　　2厘米

图七　M1出土铜五铢钱
1. M1：5　2. M1：6　3. M1：7　4. M1：8

二　二号墓（M2）

位于墓地西边缘，东南距一号墓110米，东距三号墓40米。墓葬开口距现地表0.5米。墓口以上的覆盖层，上部厚约0.2米，为现代活动面，已经推土机翻动；下部厚约0.3米，可能与遗留的封土有关。

1. 墓葬形制

M2为石室墓，由墓道、封门、墓门、甬道及墓室等部分组成。墓葬坐北朝南，全长16.64米，墓向346°（图八；彩版五，1）。

封土：为五花土，土质较硬，包含大量碎石块、料礓石等，其土质土色与墓葬填土基本一致，未经夯打。封土堆积层在墓室开口上方较厚，在墓道开口处较薄。由于墓葬上部已遭破坏，原封土面积和形状已无法确认。发掘中在已经扰乱的前室顶部封土内发现锈蚀的铁锤和铁斧，这些实用工具或者是埋葬过程中的遗留物，或者是盗墓时留下的。

墓道：为近似长方形的斜坡土圹，位于墓室南部，长9.1、宽1.8~2米。底部近墓门处为平底，长1.6米。墓道底部上距墓口3.8米，墓道坡度为27°。墓道两壁修削平整，填土为五花土，内含少量碎砖块、料礓石及零星陶片，填土质地较硬，经过夯打处理。

封门：为砂岩石板，由两片紧贴在一起竖立的石板组成，封堵在墓室门口。第一片封门石高1.32、宽1.25米，四边略作加工，厚薄不匀，厚7~10厘米，中部低凹；石板靠墓门搁置，下部外倾，上部右边陷于墓门横楣石下，左边紧贴横楣石。第二片封门石由于重压已断成上下两块，上方石板高38、宽60、厚5厘米，立于第一片封门石及横楣石的外侧，修凿得不整齐，向外的一面被磨平；下方石板形状为上小下大状，高98、宽94、厚5厘米，紧贴第一片封门石而立，与上方石板间距10厘米（图九；彩版五，2）。

墓门：位于封门之后甬道的前端，用当地产的页岩制成，组合完整，由门梁石、横楣石、左、右门柱石、左、右门扉石、门限石等7块石构件组成。

墓门宽1.91、高1.57米。横楣石和左、右门柱石紧靠甬道外壁装置，横楣石与墓道间的空隙用泥土填实。右门柱石距离墓道壁0.21米，其间挨门柱石处用石条竖插一行，空余部分填以泥土；左门柱石距墓道壁0.23米，靠门柱处用石块垒砌十余层，再填黄土充实缝隙。门梁石置于横楣石之后，两端架在甬道两边生土台上，平面呈长方形，长1.1、宽0.25、厚0.04米，表面打磨平整，在靠横楣石一侧的两端有两个半圆形穿，以纳门扉石两上枢。门扉石有向墓室内开启之势，右门扉石因遭破坏而断为两块，下半部尚处于原位置，上半部在甬道内的淤土中发现，门环部位缺失。左门扉石左端外侧靠甬道壁处平置一块长10厘米的石块，意在阻挡门扉石外拉。门扉石两下枢嵌入甬道地面上的凹槽内，前后转动开启自如。门扉石安装在甬道内，合缝之处距门限石6厘米。门限石嵌入两门柱之间，平面呈长方形，上面及外面磨光，上宽0.84、下宽0.81、高0.2、厚0.06米。除门梁石、门限石外，墓门其他石构件的外侧均刻绘画像（图一〇；彩版六，1）。

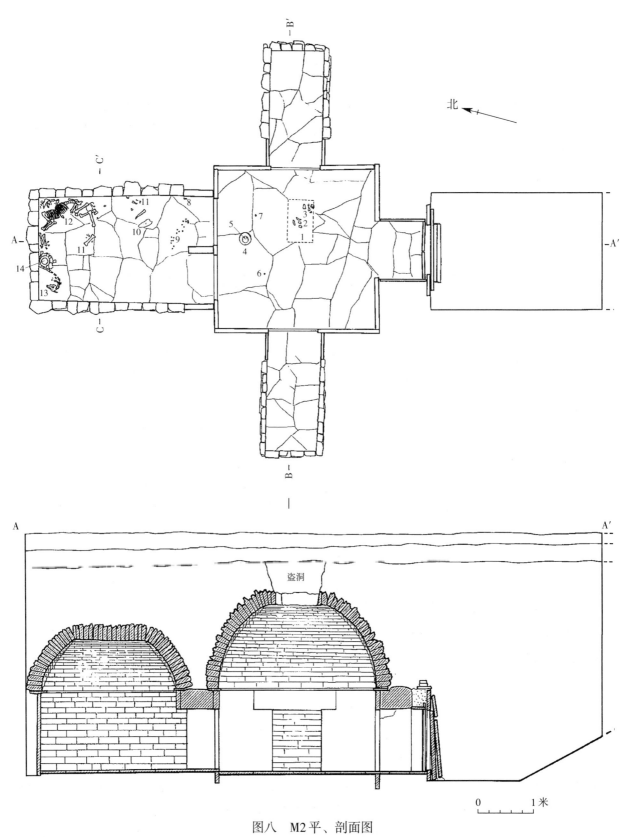

图八　M2 平、剖面图

1. 漆案　2. 陶耳杯残片　3. 陶盘碗残片　4. 漆套盒遗迹　5. 铜镜　6. 人齿　7. 铁环　8. 铁刀　9. 铜钱　10. 棺木漆片　11. 人骨　12. 鹿骨　13. 羊骨　14. 漆器

墓门上方横向叠压着三层条石，自下而上第一层通长197.5、宽27、厚3.7厘米，由五块石条衔接拼起，向前伸出墓门的横楣石4厘米，在靠墓门方向的两端各摆置一块边长大约8厘米的方形石块。第二、三层自第一层向墓室方向退后9厘米处开始平砌，用宽约10厘米的条石拼凑而成，两层条石面向墓道的侧面经过加工，第二层条石厚5.6厘米，第三层条石厚4.3厘米。各层所采用的条石表面均打磨平整，颜色为青黑色。墓门上覆压多层条石，形同女墙，具有装饰和保护墓门之功用。

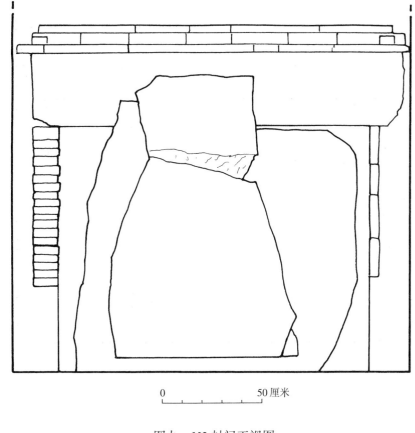

图九　M2封门正视图

甬道：平面呈长方形，宽1、进深0.84、高1.1米。为平顶洞式，顶部由两块石件组成，靠墓门方向即为墓门门梁石，靠墓室方向的是一块长1.66、宽0.58、厚0.4米的整石，将之横架于甬道两壁的生土台上，石块表面经过打磨，面向甬道的一侧略呈外弧状。甬道两壁镶嵌着厚4厘米的磨光石板，石板之间对缝拼接，壁面平整。门梁石之上、生土台间的空隙用黄土填充踩实。甬道底铺石板。

墓室：由前室、后室、耳室及前室与各室连通的过洞等部分组成，墓室土圹系一次性挖成。修建墓室采用仿砖形石料，即只将石料一侧面凿成"山"字形不规则突起，修建墓室时面向外侧砌筑，其余面仿如砖面，于墓室内观之，整齐规矩。石料规格不同，大小不一，长17~28、宽12~30、厚6~10厘米。

前室室内进深2.8、宽2.74米，平面近正方形，室内地面高1.4米以下的四壁镶嵌着画像石（图一一）。画像石之上平压一层厚4厘米的条石，并向室内凸出壁面约3~4厘米。前室四壁从条石之上开始用厚度不等的石料横向错缝平砌，逐层起券内收成四角攒尖墓顶，高约2.9米。平砌的石料自条石外侧向外5.5~7.5厘米处开始施工，石料厚7.5~9.5厘米。前室顶部正中已被直径约0.6米的盗洞破坏，未发现顶心石，推测当初施工时为石料顺砌封顶。前室东、西、南三壁画像石由横楣石和左、右门柱石组成，正中分别留出东、西耳室和甬道的出入口（图一二；彩版六，2；彩版七）。前室北壁即后室门面由横楣石和左、右边柱石及中柱石组合镶嵌装饰。中柱石将北壁分割成两并列的门框，

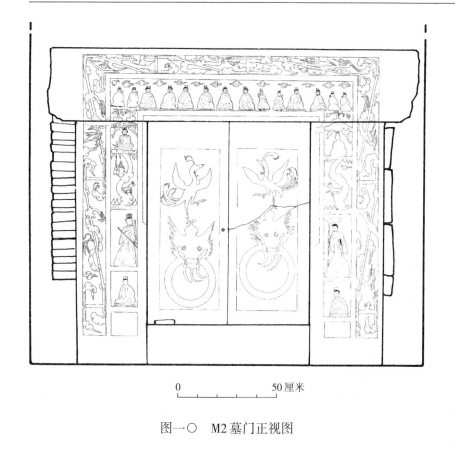

0 ——————— 50厘米

图一〇　M2墓门正视图

由门框通过过洞进入后室（彩版八，1）。门框宽0.79、高1.02米，厚7厘米，门槛高出前室地面6厘米。为安装画像石，墓室在修建时根据需要将室内地面边缘分别下挖至合适深度，待装置完毕再填土夯实。前室画像石在转角处采用嵌套装置，相合严密。墓室底部用4厘米厚的薄石板合缝铺砌。由于墓葬曾经几次被盗，致使雨水灌入室内，对墓葬的结构产生严重的影响，室内边缘处均有下陷的现象，墓室中间高、边缘低。进入墓室的雨水和沙土还严重侵蚀了画像石上的彩绘颜色，发掘时发现，前室南壁的画像石颜料脱落严重，表面呈粉状剥离，石粉牢固附着于填土上，部分填土断面呈与石面完全吻合的清晰图像。前室地面中部发现人齿一颗。

因墓葬遭到严重盗扰，室内随葬品保存较差。在前室距东壁0.56、距南壁1.05米处清理出一长方形漆案，朱色髹漆，色泽鲜艳，胎体已完全腐朽。漆案上置有彩绘陶耳杯、陶盘、陶碗各1件，均已残破为碎片（彩版九，1）。在距北壁0.5、东壁1.2米处清理出一漆套盒遗迹，发现鎏金铜质沿箍3套12件（彩版九，2）。漆盒遗迹内清理出残铜镜1面、鎏金铜饰件1件，骨珠串饰1套，琉璃小饰件1对，铜布泉和铜五铢钱各1枚，附近还发现小铜环1件。另外，在前室东北部发现小铁环1个。

前室与后室间的过洞宽1.84、进深0.54、高1.04米，顶部横架一块长2.5、宽0.62、厚0.35米的石块，石头伸入后室0.1米。过洞前端中柱石后竖立一长1.04、宽0.48、厚0.12米的素石，此石起到支撑顶部整石的作用，同时将过洞分割为进入后室的两道门洞。过洞两侧壁镶嵌石板，壁面与后室两壁平齐，过洞地面高出前室地面4厘米，用石板合缝铺砌而成。东门洞内发现1件残铁刀，锈蚀严重。

后室平面基本呈长方形，进深2.6米，南部宽同过洞即1.84米，北部宽1.78米，高2.24米（图一三；彩版八，2）。后室南壁即紧贴过洞顶石处装置一横楣画像石，由于顶部被盗掘，此石在墓葬发掘时已被当地村民取出，残断为两块。北壁以两块画像石装饰壁面，其上平压一层条石，凸出画像石12厘米，条石厚4厘米。后室东、西两壁用石料横向错缝平砌而成，至1.38米即北壁画像石高

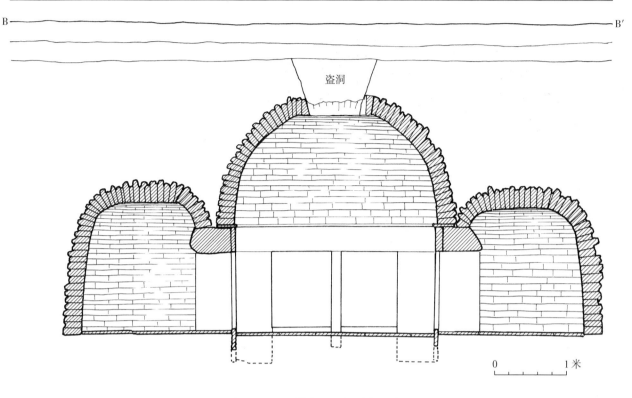

图一一　M2 前室、耳室剖面图

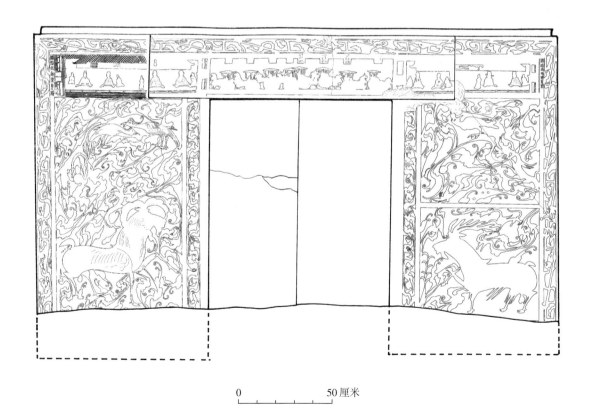

图一二　M2 前室南壁立面图

图一三　M2后室剖面图

度以上，连同比条石缩后8厘米的北壁一起开始内收券顶，墓室顶部为四角攒尖式，顶部以16块石料一线顺砌封堵，墓室顶部外侧采用石楔塞缝。建筑后室的石料厚3.5~10厘米，但每层厚度保持一致。后室地面与过洞相连，底也用石板合缝平铺，北壁边缘地带凹陷约4厘米。

后室保存相对较好，除遭盗扰外，洪水不曾大量灌入，因之随葬器物的位置基本保持原状。后室底部东侧有一只鹿的遗骨，头骨零乱，趾骨散见，颈椎骨、肋骨、股骨和胫骨等保存完好。西侧随葬一只羊，头西尾东，面向后壁，肢体弯曲，腹部上放置一夹胎漆盒，胎体极薄，已无法提取（彩版九，3、4）。靠东壁发现棺木漆片，其北侧

散见少量人骨，由于盗扰，棺椁痕迹已无法辨认。在后室东南部清理出26枚铜五铢钱（彩版九，5）。

东、西耳室为在前室东、西两壁上掏挖土圹，后用石料砌筑而成。耳室与前室间亦有连通的过洞，建筑结构与甬道和前、后室间的过洞相同。

东耳室平面近似长方形，后端底部向南略倾斜，底宽0.94、进深1.5、室内高1.64米。结构同后室，也为四角攒尖顶。两壁挤压变形，外凸明显。与前室连通的过洞宽0.94、进深0.45、高1.07米，两壁镶嵌石板，顶部整石宽0.54、厚0.32米，面向墓室面平整，伸入耳室后向上斜收。耳室门面、由画像石组合形成的门框宽0.87、高1.04米，下部门槛石纵23、厚3.5厘米，高出前室地面6.5厘米装置。东耳室底用石板铺设，地面高度与后室相同。该耳室中未发现任何遗物。

西耳室结构与东耳室相同，底部宽0.93、进深1.57、室内高1.73米。与前室连通的过洞宽0.94、进深0.48、高1.06米，顶部整石宽0.56米，伸入耳室内圆弧收拢。门框大小与西边相同，门槛石纵

26、厚4.5厘米，高出前室地面5.5厘米安装。耳室内淤土中散见动物遗骨。

2. 随葬品

M2虽经数次盗扰，仍残存一些随葬品。共发现陶、铜、铁、骨、漆、钱币等各类器物55件，其中陶器3件，铜器15件，铁器4件，骨器1件，琉璃器2件，漆器2件，铜钱28枚。

漆案　1件。标本M2：10，长方形，内壁通体朱色髹漆。长0.7、宽0.47米。

漆盒　1件。标本M2：35，黑灰夹胎，器壁厚度不足1毫米，盖上有半球形钮。直径18厘米。

陶耳杯　1件。标本M2：11，泥质灰陶。敞口，窄沿，沿外饰两对称长扁耳，两耳与口沿齐平，连接处有一道细凹槽，斜弧腹内收，饼形足。器内壁和凹槽内涂红彩（图一四，1、2）。

陶盘　1件。标本M2：12，泥质灰陶。方唇，敞口，浅腹，近底部内壁有一周凸脊，内底微凹。器内外壁沿下用红彩饰两周圆圈纹。口径23、高约5.2厘米（图一四，3）。

陶碗　1件。标本M2：13，泥质灰陶。尖唇，敛口，圆腹，矮圈足。器内壁涂红彩。口径9.8、底径3.4、高4.4厘米（图一四，4）。

铜镜　1面。标本M2：14，蝙蝠形柿蒂座连弧纹镜，残存约三分之二，断为三块。柿蒂形钮座，钮座四叶有干，形似蝙蝠。四叶之间铸有"长宜子孙"篆体铭文，笔划粗壮，"长"字缺。钮座之外饰一圈凸弦纹，弦纹向外为内向八瓣连弧纹带，连弧间钮座四叶处铸铭文"□□毋夕"，第一字缺，第二字锈蚀不清。镜直径14、厚0.25厘米（图一五，1；彩版一〇，1）。

鎏金铜箍　共12件。出土时与残漆木器共存，应是漆木器的沿箍。其中圆环形5件，直径23、厚0.02厘米，当为同一圆形漆盒之附件。标本M2：15，剖面呈折腰状，高0.7厘米（图一五，3；彩版一〇，2）。标本M2：16，剖面呈矩尺状，高1.1厘米（图一五，4）。标本M2：17，直壁，高1.1厘米（图一五，5）。标本M2：18，剖面呈矩尺状，高0.5厘米（图一五，6）。标本M2：19，残，剖

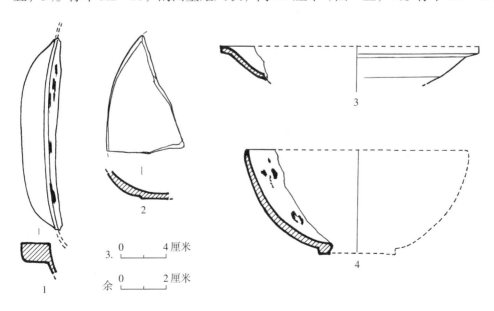

图一四　M2出土陶耳杯、盘、碗
1、2.陶耳杯（M2：11）　3.陶盘（M2：12）　4.陶碗（M2：13）

面近矩尺状，高1.1厘米。另有长方形鎏金铜箍7件，厚0.04厘米。剖面呈矩尺状的4件。标本M2：20，长17、宽4.5、高0.5厘米（图一五，7；彩版一〇，3）；标本M2：21，长17、宽4.5、高0.5厘米；标本M2：22，长16.3、宽3.8、高0.5厘米（图一五，8）；标本M2：23，长16.6、宽3.8、高0.5厘米。直壁的2件。标本M2：24，长11.7、宽4.6、高0.5厘米（图一五，9）；标本M2：25，残，宽5厘米。标本M2：26，盝形盖上的沿箍，长15、宽3.2、高0.4、边条宽5.5厘米（图一五，10）。

鎏金铜饰件　1件。应是漆盒上的贴饰品。标本M2：27，长条状四叶蒂形，长17、厚0.04厘米（图一五，11；彩版一〇，4）。

铜环　1件。应是漆盒上的吊环。标本M2：28，圆形，直径1.6、环径0.3、厚0.2厘米（图一五，2）。

铁环　1件。标本M2：33，锈蚀严重。剖面近圆形，高2.4、直径2.6、壁厚0.3厘米，内壁上有锈钉（图一六，1）。

铁刀　1件。标本M2：34，残存刀身前半部。直背凹刃，刀尖下斜。残长6.4、残宽1.1~2厘米

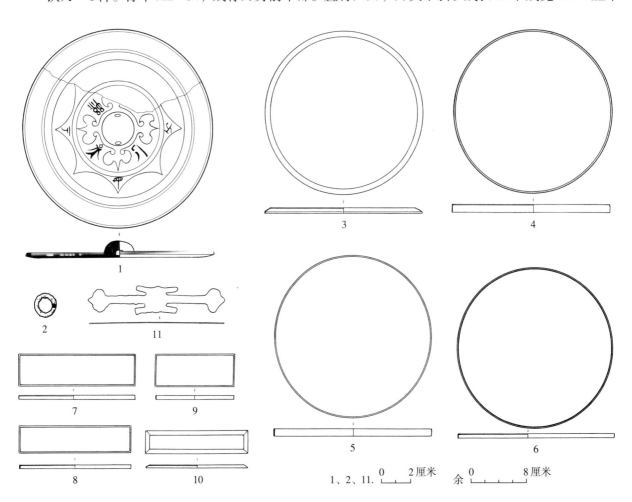

图一五　M2出土铜器

1.铜镜（M2：14）　2.铜环（M2：28）　3~10.铜箍（M2：15、M2：16、M2：17、M2：18、M2：20、M2：22、M2：24、M2：26）　11.铜饰件（M2：27）

（图一六，2）。

铁锤　1件。标本M2:8，发现于扰动的封土内。剖面呈圆形，锤体上有两道竖凸棱，凸棱一侧有长方形銎，另一侧中部有一方形凹窝。铁锤长8.5、腹径5.2、端径3.5厘米（图一六，3）。

铁斧　1件。标本M2:9，发现于扰动的封土内。直身斜刃，中上部有横穿长方形銎。斧身长9.5、宽4.7、厚1.5厘米，刃宽7厘米（图一六，4）。

琉璃耳珰　2件（1对）。标本M2:30，颜色蓝中带紫，形似腰鼓，但一端稍大。中空，做工精细。珰高1.2、大端直径0.9、小端0.85、中穿孔0.1厘米（图一六，5；彩版一〇，5）。

骨珠串饰　1套。标本M2:29，由1枚长方形骨条和23枚扁圆形骨珠组成。骨条色黄，上有两个小穿孔；骨珠色白，中开穿孔较大。骨条长2.1、宽0.45、厚0.4厘米；骨珠直径0.7~0.85、厚0.25~0.4厘米（彩版一〇，6）。

铜布泉　1枚。标本M2:32，微鼓变形。直径2.6、肉厚0.06厘米。正反两面均有廓，宽0.15、厚0.1厘米，正面廓相对宽浅。方形穿，长、宽各0.95厘米。穿正面两侧铸有"布泉"二字，字为篆体，笔划较细，铸造精良（图一七，1）。

铜五铢钱　27枚。标本M2:36，有边廓。直径2.45厘米，穿长0.95、宽0.9厘米，厚0.07厘米。"五"字交笔弯曲柔圆，"铢"字模糊不清（图一七，2）。标本M2:37~47，有边廓，直径2.5~2.6厘米，穿长、宽各0.9~1厘米，厚0.08厘米。"五"字交股两笔弯曲，"铢"字金字头三角多呈等边三角形，"朱"字上下两笔均圆折（图一七，3~5）。标本M2:48~56，有边廓，直径2.5~2.6厘米，穿长、宽各0.9~1厘米，厚0.08厘米。"五"字交股两笔弯曲，"铢"字金字头三角多呈等腰三角形，

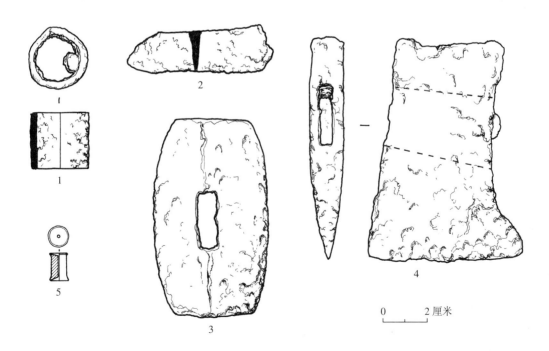

0　　　2厘米

图一六　M2出土铁器和琉璃器

1.铁环（M2:33）　2.铁刀（M2:34）　3.铁锤（M2:8）　4.铁斧（M2:9）　5.琉璃耳珰（M2:30）

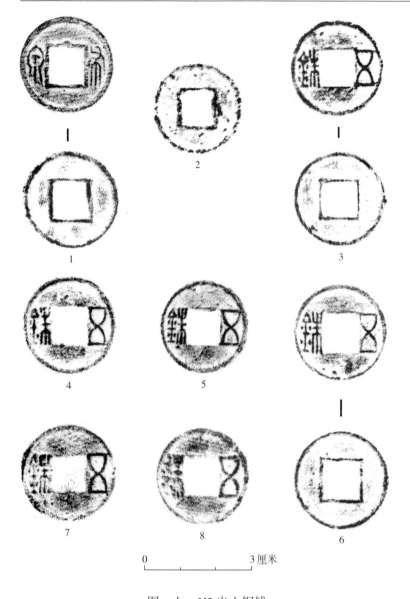

图一七 M2出土铜钱

1. 铜布泉（M2：32） 2~8. 铜五铢（M2：36、M2：37、M2：38、M2：39、M2：48、M2：49、M2：50）

"朱"字上下两笔均圆折，且上短下长（图一七，6~8）。其余钱文模糊不辨。

三 三号墓（M3）

位于墓地中部，西距二号墓40米。墓葬原建于地势低缓处，除早期被盗外，后世未遭破坏。墓葬开口于现地表下1.2米处，覆盖层自上而下0.2米为经人工翻动的活动面，1米为20世纪70年代土地平整时的扰动填土，墓葬封土范围和形状无法确认。

1. 墓葬形制

M3为石室墓，建筑结构与M1相同，由墓道、封门、墓门、甬道及墓室等部分组成，平面呈"凸"字形。墓葬坐北朝南，墓向252°（图一八；彩版一一，1）。

墓道：位于墓室之南，因靠近墓室方向打有现代水井一口，故仅清理墓道北段3米的长度。经过钻探得知，墓道平面近似长方形，水平长度18、宽1.6~2米，底为斜坡状，坡度约13°。墓道接甬道处一端为平直状，长1.7米，上距墓口3.7米。墓门口用黄土垫高8厘米后再用废弃石板铺垫，看上去杂乱无章，清理后地面散见早期墓葬被盗时被盗墓者击碎的封门石和墓门门扉石残块，多达16块。墓道的两壁修削得较为平整，在距墓门0.19米处的两壁上有对称的宽0.2、深0.16米的半圆形凹槽；在距墓门1.14米处的两壁上有对称的宽0.22、深0.14米的半圆形凹槽；在距墓门2.02米处的两壁上又有对称的宽0.4、深0.18米的半圆形凹槽，更远处，钻探再未发现相同迹象。此三组对称凹槽应当是竖立圆木的地方，圆木在建墓和下葬时曾起到特殊的作用。

封门：用两块10厘米厚的石板并列组成（图一九；彩版一一，2）。石板略呈长方形，稍作打磨，高约1.5米，右石宽0.9、左石宽0.7米。右石靠左边的中部有直径0.7米的半圆形缺口，系墓葬

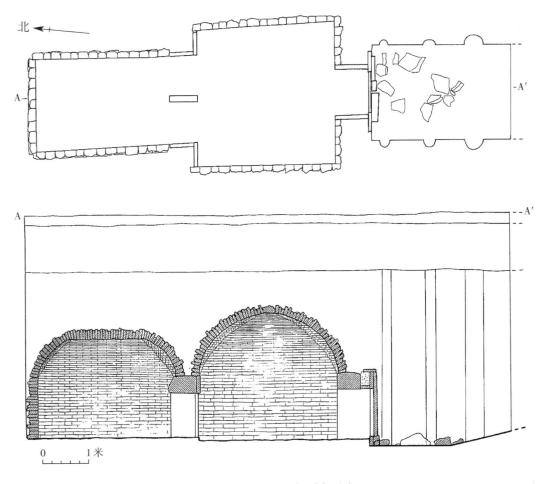

图一八　M3 平、剖面图

遭盗掘所致。封门紧挨墓门搁置于门口的石板地面上，与墓门间的空隙塞以石楔加固，以此加强封门的防御功能。

　　墓门：位于封门之后甬道之前，由门梁石、横楣石、左、右门柱石、左、右门扉石、门限石等7块石构件组成，组合完整。横楣石和左、右门柱石、左、右门扉石均为画像石。两门扉石在墓葬遭盗掘时被击打成碎块，散见于甬道淤土中和墓道填土中，其余画像石保存完好（彩版一二，1）。墓门高1.76、宽1.82米，顶部平压一层宽26、厚6厘米的石板，伸出墓门5厘米，上又覆压数块碎石块以稳定重心。横楣石和左、右门柱石靠甬道外壁处安装，与墓道间的空隙处填充黄土并间以石块加固。门梁石

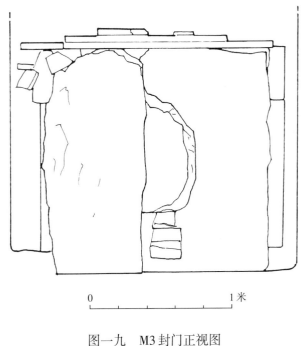

图一九　M3 封门正视图

置于横楣石之后，两端架在甬道两壁生土台上，平面呈长方形，长 1.3、宽 0.21、厚 0.07 米，在靠横楣石一侧两端有两个长方形穿，以纳门扉石两上枢，门梁石与顶部石板间的空隙填以黄土并经拍打处理。门限石为长方形石板，竖立嵌入两门柱石之间，打磨得较为平整，宽 0.86、高 0.2、厚 0.05米，上端左侧缺损。从墓门进入甬道的门框宽 0.88、高 1 米，厚即画像石厚度 8 厘米。

甬道：平顶洞式，平面呈长方形，南端宽 0.96、北端宽 0.98、进深 0.72、高 1.06 米。顶部由两块石件构成，靠墓门方向即为门梁石，靠墓室方向为长 1.6、宽 0.5、厚 0.34 米的整石，横架于甬道两壁的生土台上，石材表面经过凿打处理。甬道两壁镶嵌着 8 厘米厚的石板，甬道地面未铺石板，仅经平整处理。甬道淤土中散见门扉石残块和少量动物遗骨如残牛角、马下颌骨、羊骨等，发现人齿一颗。

墓室：由前室、后室及连通前后室的过洞等部分组成，平面呈"凸"字形。墓室土圹系一次性完成，修建墓室的用料、做法与 M2 相同，石料规格为长 16~24、宽 14~26、厚 3~9 厘米。构筑墓室的石结构因受外力挤压已严重变形。

前室平面呈正方形，东墙壁因挤压向西移位，北边最严重处移位 16 厘米。室内边长 2.98、高 2.68 米。前室仅北壁装饰有画像石，由横楣石、左、右边柱石和中柱石组合镶嵌而成，其中右边柱石左上部因遭严重破坏已不可复原。素面中柱石将北壁分割为两并列的门框，由门框进入过洞通往后室（彩版一二，2）。门框宽 0.88、高 0.93、深 0.07 米。门槛高出前室地面 6 厘米。距地面 1.4 米高的北壁横楣石之上覆压着一层石板，伸出画像石面 4 厘米。构成前室 1.4 米高度以下四壁的石料厚度为 7~9 厘米，为横向错缝平砌，构筑高 1.4 米以上的墓室石料厚度为 3~7 厘米，为逐层起券内收成四角攒尖墓顶，前室顶部中央以一边长 23.6、厚 13.3 厘米、面向墓室一面涂绘日轮的方形画像石封堵（彩版一一，3）。前室顶部外侧夹有石楔。前室顶部南侧有一直径 0.6 米的盗洞。室内积满淤土，淤土中清理出石磨棒和石研磨器各 1 件，以及大量动物遗骨，有草原动物如牛、马等的上下颌骨等。前室西北角有火燎的痕迹，西壁经烟熏已经颜色发黑，地面零散见人骨，初步鉴定为男、女性各一。前室底部同甬道一样为土地面。

后室平面呈长方形，南宽 1.84、北宽 1.94、进深 2.9、高 2.08 米。四壁采用石料错缝平砌的方法，至高 1.3 米处起券内收成四角攒尖墓顶，墓顶用 31 块石料南北向顺砌封堵。在后室淤土中发现 2 件石饼，并见大型草原动物的肩胛骨、下颌骨等。后室地面与前室北壁门槛同高，亦为平整的土地面。

连接前、后室的过洞结构与甬道相同，南端宽 1.8、北端宽 1.84、进深 0.6、高 0.94 米。过洞顶部东西向横置长 2.2、宽 0.6、厚 0.36 米的整石。整石中部下方竖立着一块厚 0.13 米的石板用以支撑过洞顶部的压力，竖立的石板同时将过洞分割为前室进入后室的两个并列的门洞。过洞两侧壁镶嵌厚 8 厘米的石板，壁面与后室墙壁相同，地面与后室连通，与前端的门槛齐高。

2. 随葬品

M3 遭严重盗扰，随葬品几乎被洗劫一空，清理时只在墓室的淤土中发现 4 件石器。

石磨棒　1 件。标本 M3：4，体呈长条形，横断面为圆角方形，一端残损，研磨面较光滑，底

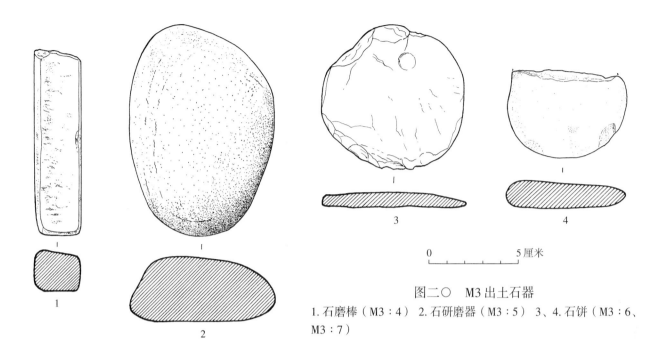

图二〇　M3出土石器

1. 石磨棒（M3：4）　2. 石研磨器（M3：5）　3、4. 石饼（M3：6、M3：7）

面平整。残长19.6厘米（图二〇，1）。

石研磨器　1件。标本M3：5，为天然卵石，形制不规整，表面光滑。长11.2、厚3.5厘米（图二〇，2）。

石饼　2件。标本M3：6，圆形，细砂岩。中部略厚，边缘较薄。直径7.8厘米（图二〇，3）。标本M3：7，残，圆形，厚薄不匀。直径6.6厘米（图二〇，4）。

叁 画像石

一 一号墓画像石

M1共出土画像石13块，分别为：墓门5块，前室南壁5块，北壁3块。画像石均为砂岩，其上画像为减地浅浮雕剪影轮廓，细部施墨彩绘画完成。

（一）墓门

墓门由横楣石、左、右门柱石及左、右门扉石5块画像石组成，组合完整（图二一）。

1. 横楣石

编号M1：1-1（图二二、二三；彩版一三，1）。石纵35、横195、厚6.5厘米。断为两截，上边棱磕伤一处。石面上有一处原生石疵，径2厘米。

画面纵27、横179厘米。内容分为上、下两栏，中以平面凸起的隔棱间隔。

上栏为边饰，以并列相连的云絮为组，共刻画十组相互勾连成云气带。云絮样式相似，云头上下交错，墨线勾边画卷，既有立体感，又富于灵性。画面依守一定格式，但流动的气势给人一种韵律美感。

下栏刻珍禽瑞兽图。共五禽兽，均面左，相互独立分布，画面洁净明朗。

左端刻一朱雀，昂首伸颈，眼观前方，双翅扇动，高抬右足，作前行状。圆眼有神，喙尖而长，顶翎飘扬，尾羽四枝卷曲上翘，腿细掌肥。墨线画眼睛，羽毛用半圆形或半椭圆形曲线排列表示，尾羽粗线勾轮廓，羽端内墨彩画圆点。朱雀身后蹲坐一瑞兽。兽两爪执仙草，双耳，张口露獠牙，双目圆睁。体肥胖而略显笨拙，身上墨线画半圆圈纹表现皮毛，尾粗而长（彩版一三，2）。中间刻一鹿，卧地抬头，鹿角呈四节枝杈状向后挺立，其中左边的一枝被躯体遮挡而以墨线绘画表现。腿足纤细，耳、鼻、眼等细部用墨线勾绘，身上墨彩画弧线和圈点纹表现皮毛。其后为一鸟，似鹞鹰。圆首，尖喙，长尾，身上绘长弧线和半圆圈纹以表现羽毛（彩版一三，3）。右端是一瑞兽，似苍龙。身体修长，作大步奔走状，张嘴吐舌，瞪目怒视前方，扬角甩尾。边廓用粗线勾勒，眼睛、舌、鼻等以墨彩描绘，颈部鳞羽用四行五列矩阵墨点表示，躯体上画紧密排列的弧线纹和半圆圈纹以表现皮毛。尾超出画面，在边框平面上用墨线画出上卷部分（彩版一三，4）。

2. 左门柱石

0   20厘米

图二一　M1墓门画像石组合图（拓本）

图二二　M1 墓门横楣石（拓本）

图二三　M1 墓门横楣石（线摹本）

20厘米

0

20厘米

0

编号 M1：1-2（图二四、二五；彩版一四，1）。石纵 127、横 35、厚 5.5~6.5 厘米。左上边侧有一原生锈色石疵，下边棱斜向不平整。

画面纵 109、横 26.5 厘米。石面上留有清晰的构图框架墨线痕，内容分为内外两栏。

外栏饰勾连云纹，与横楣上栏图案相同。

内栏分为上、下两幅。上幅刻一高大的神树于突兀的山峰间直冲云霄，神树之巅有船形座，西王母挽髻着袍，面右高踞其上，头顶有形如菌盖的伞盖遮罩，伞柄弯曲与树冠相连，檐下一株仙草倒挂于西王母面前。神树树干突起粗壮的树节，一鸟缩颈回首静立其上，尾羽下垂。

下幅为执笏门吏图。门吏头戴武弁大冠，冠下包巾长披颈后，身穿长襦大袴，低首垂额，隆背躬身，宽袖相拥，双手握笏板，毕恭毕敬，作迎迓状。人物距下边框较远，身体背部以下部分与左边的隔棱平面连为一体，袍服衣褶纹路以墨彩勾绘表现，线条自然流畅。

3. 右门柱石

编号 M1：1-3（图二六、二七；彩版一四，2）。石纵 142、横 36、厚 5~6.5 厘米。下边缘未作严格加工，右边棱有磕碰痕迹，表面修理得不甚平整。

画面纵 110.5、横 27.5 厘米。石面上的构图墨线框格清楚，图像与左门柱石相对，分为内外两栏。

外栏为勾连云纹。

内栏上幅刻与西王母相对的东王公。东王公面向左前方，头戴尖角王冠，踞坐于船形座上。头顶上的菌形伞盖宽幅厚重，伞檐下亦有一株仙草垂吊在东王公面前。神树树干粗壮弯曲，树周山峰突起。在树干右侧枝生两个方形树节，一鸟缩颈回首静立其上，鸟体硕羽丰，尾羽下垂伸出画面直至隔棱平面上，伸出部分以墨线绘出。眼、喙、羽、爪等细部也用墨彩绘画表现。

下幅刻绘的门吏头戴帻，博衣宽袖，双手拥彗，面左跪地。面部丰润，五官端正，面向左前方，人物五官及衣纹等用墨线描绘而成。

4. 左门扉石

编号 M1：1-4（图二八、二九；彩版一五，1）。石纵 112.5、横 49.5、厚 3.5 厘米。上门枢长 10、宽 8 厘米；下门枢长 2、宽 8 厘米。石右边棱内侧中部有安装门环孔，近方形，边长 1.5 厘米。孔内装铁环，外径 7 厘米，铁环径 0.6 厘米。

画面纵 95、横 34 厘米。

画面内容与下面右门扉石相同，方向相反，布局稍有差异。朱雀顶翎刻于画面以内，呈开杈叶状向后飘扬，铺首浅浮雕刻绘，衔环略小。物像当与右门扉石一样墨彩绘细部，但墨线已不清楚。

5. 右门扉石

编号 M1：1-5（图三〇、三一；彩版一五，2）。石纵 113、横 49、厚 4 厘米。上门枢长 11、宽 8 厘米；下门枢长 3、宽 7.5 厘米。画面左边内侧有长方形门环孔，纵长 2、横宽 1.3 厘米。孔内残留铁环柄。

画面纵 85、横 34 厘米。

画面内容分为相连的两部分，上为朱雀，下为铺首衔环。

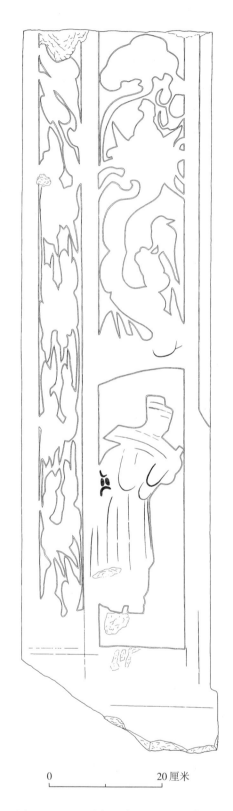

0 ————————— 20厘米

0 ————————— 20厘米

图二四　M1墓门左门柱石（拓本）　　　　　图二五　M1墓门左门柱石（线摹本）

0　　　　　　　20厘米

0　　　　　　　20厘米

图二六　M1墓门右门柱石（拓本）　　　　　图二七　M1墓门右门柱石（线摹本）

0　　　　　　　　　20厘米

图二八　M1墓门左门扉石（拓本）

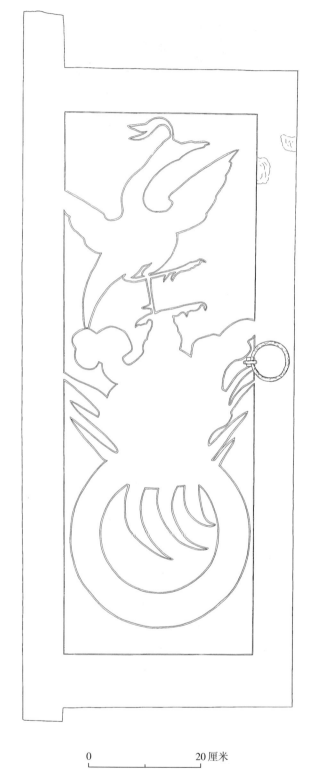

0　　　　　　　　　20厘米

图二九　M1墓门左门扉石（线摹本）

0　　　　　　20厘米

图三〇　M1墓门右门扉石（拓本）

0　　　　　　20厘米

图三一　M1墓门右门扉石（线摹本）

朱雀姿态优美，左爪平抬，右爪立于铺首兽头山形额上。昂首垂尾，面左凝视前方，顶翎前扬，双翅抖动，翩然欲飞。顶翎超出画面外，在上边框以墨彩绘画完成，高7厘米。左翅伸入边框部分亦用墨线画就。翅羽用粗线画紧密的圆弧线表现舒展的羽毛，尾羽则以浓重墨彩添画四条长弧线表示。

铺首兽面，额似山形，双耳作云形，肥大厚实，向两侧外撇。额、耳墨线勾边，并在拐弯处向内勾圈呈卷云样式。兽面部臃肿，目怒视前方，张口暴齿衔环。颌下飘动三绺胡须，两颊飞扬四撮鬓毛。兽面用墨线绘画面部眉、眼、齿等及鬓毛，惟口部打破物像整体剪影式浮雕刻法，减地成长方形，内阳刻獠牙和上门齿。铺首所衔圆环较大，环径5.5厘米，两侧与边框相连（彩版一六）。

（二）前室南壁

横楣石、左、右门柱石和左、右边柱石组合装饰墓葬南壁，横楣石采用整石雕凿而成，形制宏大（图三二）。

1. 横楣石

编号M1：2-1（图三三、三四；彩版一七）。石纵35.5、横336、厚7厘米。断为三截，下边棱有一处伤残。

画面纵27.5、横280.5厘米。画面内容完整，分为上、下两栏，中间以3厘米的宽棱相隔。

上栏为边饰，刻卷云蔓草图案。画面左端刻一龙面右卧地，身修长，张口吐舌，抬首弹足，龙须与右边的蔓草丝连缀系。从左往右三分之一处，又在蔓草间填刻一面左龙首，竖耳撅嘴。

下栏刻绘仙人出游图，气势宏伟，场面壮观，自左而右为六驾云车。第一组驾车者为三兔，兔竖耳翘尾，四腿伸展。车前有一御者，车内乘者戴尖顶高冠、着宽袍。第二组驾车者为三鲸，车前有一御者，车内乘者戴进贤冠，三鲸下侧有骑鲸侍者相随（彩版一八，1）。第三组驾车者为三马，车前有一御者，车内乘者戴进贤冠、着袍。第四组驾车者为二虎，虎皆回首右望，车前有一御者，车内乘者戴高冠（彩版一八，2）。第五组驾车者为六龙，云车车形庞大，显然为主车，车盖形如云形，车前有一御者，车内乘者戴冠（彩版一八，3）。第六组驾车者为三鹤，无御者，车内乘者似为女子，三鹤下侧有戴进贤冠骑鹤侍者相随。除龙驾云车外，其余云车座后均撑起半月形车盖，后部皆插向后飘扬的两条旌旗（彩版一八，4）。画像在刻法上依然采用浅浮雕方法刻出轮廓，细部用墨彩勾画涂绘表现，可惜由于石面碱剥，大部分墨迹已经不辨。

2. 左门柱石

编号M1：2-2（图三五、三六；彩版一九，1）。石纵133.5、横35.5、厚6.5~7厘米。边棱錾刻成"人"字纹，上边缘伤残。

画面横112、纵24.5厘米。可见墨线画框格。画面不像一般门柱石纵向布局，而是如同横楣石横向安排，按照观者的自然视角，画面可分为上、下两栏。

上栏为边饰，于左端刻一树干粗壮的柳树，树冠与上边廓相连。树干上突起的树节画圆弧示意，柳枝以粗细墨线勾绘。树右一凤鸟朝树枝飞去，鸟双翅鼓抱，尾羽宽厚，末端拖曳一连串卷云蔓草。

图三二　M1前室南壁画像石组合图（拓本）

0　　　20厘米

图三三　M1 前室南壁横楣石（拓本）

图三四　M1 前室南壁横楣石（线摹本）

20厘米

0

20厘米

0

鸟眼、羽细部及蔓草茎脉均以墨彩描绘。

下栏由三组祥云组成，每组两条平行云带，带端系多变的云絮。物像上随意施墨斑装饰。画面在平行云带间填充神异。左端与云头相连处幻化出一变形龙首，右端云头上浮生曲体长须之龙，龙与云头相结合，身首细部均用纤细的线条绘画，形象夸张。在中间云带间面左敞卧一兽，兽抬头伸前足，双耳竖起，双目圆睁，张口露齿。兽前刻绘一禽鸟，鸟首画在云絮中间，墨线画圆眼、宽扁嘴，翘尾上画平行弧线表现羽毛。兽与鸟间阳刻一弓形条相隔。

3. 右门柱石

编号 M1∶2-3（图三七、三八；彩版一九，2）。石纵127、横35.5、厚6.5厘米。边棱錾刻成"人"字纹，上边缘一处伤残。

画面横112、纵26.5厘米。画像与左门柱石相对，且同左门柱石一样为横向布局，亦分上、下两栏。

上栏画面结构与左门柱石下栏一致，祥云表现手法相同。不同的是，在画面左端刻一龙，身披长羽，翼角飞扬，长鼻下卷，发须飘飘。龙首细部用线描表现。画面中间的云头幻化出一个发怒咆哮的龙，面左伸爪甩尾，墨线描绘各部位。画面的右端刻一形体如野猪的龙，垂长须，翘长尾，两前足抬空，后足右边着地，左边向后翘起，躬身翘臀作跳跃状。龙首以墨线画出各部位，身上画半圆圈纹和弧线表现皮毛。

下栏为边饰，与左门柱石上栏对称，在左端刻一棵枝繁叶茂的柳树。一鸟面朝左飞，双翅系带与身后的卷云蔓草相连。

右门柱石物像涂绘的墨彩清晰可辨，风格与左门柱石相同。

4. 左边柱石

编号 M1∶2-4（图三九、四〇；彩版二〇，1）。石纵127、横23.5、厚6.5厘米。下边缘平整。

画面纵112、横16.5厘米。

画面刻连续组合的卷云蔓草，在上端云头上栖落一鸟，面左伸颈隆背垂尾。由于石面剥蚀严重，原画面上的墨线痕完全不存，浮雕物像上是否原有绘画，已不得而知。

5. 右边柱石

编号 M1∶2-5（图四一、四二；彩版二〇，2）。石纵135、横23.5、厚6.5厘米。下边缘不齐整，边棱伤残。

画面纵111.5、横17厘米。

画面同左门柱石相对，亦刻勾连的卷云蔓草。

（三）前室北壁

横楣石、左、右边柱石组合呈"Π"形结构装饰墓葬北壁（图四三），前室南、北壁横楣画像石相对。

1. 横楣石

0　　　　　　　　20厘米

0　　　　　　　　20厘米

图三五　M1前室南壁左门柱石（拓本）　　　　图三六　M1前室南壁左门柱石（线摹本）

0   20厘米

图三七　M1前室南壁右门柱石（拓本）

0   20厘米

图三八　M1前室南壁右门柱石（线摹本）

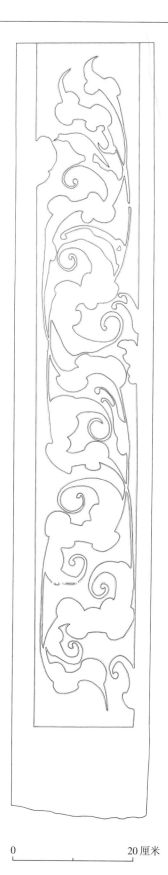

0   20厘米   0   20厘米

图三九　M1前室南壁左边柱石（拓本）　　　　图四○　M1前室南壁左边柱石（线摹本）

0　　　　　　　20厘米　　　　　　　　　　0　　　　　　　20厘米

图四一　M1前室南壁右边柱石（拓本）　　　图四二　M1前室南壁右边柱石（线摹本）

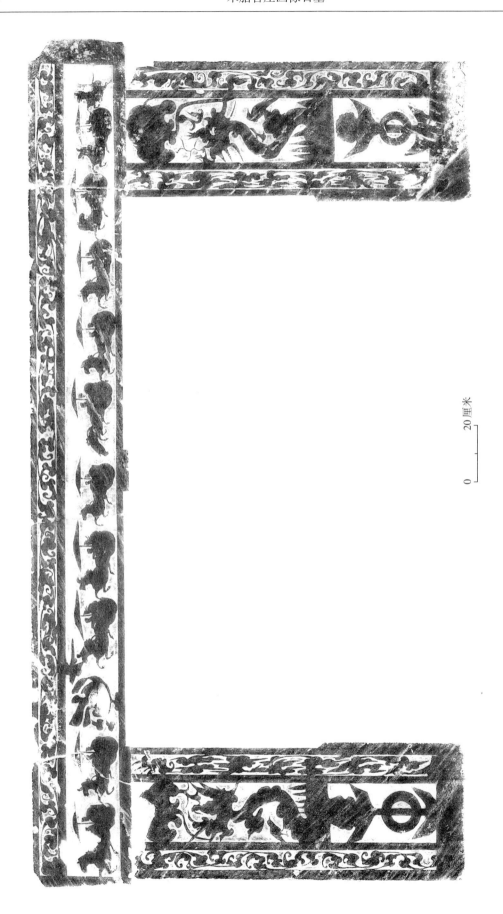

图四三　M1 前室北壁画像石组合图（拓本）

0 　 20厘米

编号 M1：3-1（图四四、四五；彩版二一）。石纵 36.5、横 301.5、厚 7 厘米。断为四截，石面上有残损。边棱錾刻成"人"字纹。

画面纵 28.5、横 288 厘米。内容分为上、下两栏。

上栏在窄长的条框内刻连续的卷云蔓草图案（彩版二二，1）。下栏为长卷式的车骑出行图。画面上共十辆轺车，全部以剪影式刻出轮廓，车轮用墨线画两个相交的圆圈，车厢及车马组装构件车辕、车衡、轭、杆等以墨彩描绘表示。驾车的马四蹄腾空，面左疾奔。其中的七马抬首伸颈；一马低首行进；一马回首观望；一马引颈嘶鸣。马身首细部及马具也以细线绘画。轺车内乘坐的主人均头戴进贤冠，身着袍服。驾车的驭手头戴武冠。在车骑队伍后紧跟一从骑，马腾空跃起（彩版二二，2~4）。在第二、三骑之间刻一株树冠庞大的树，树后有一飞鸟。

2. 左边柱石

编号 M1：3-2（图四六、四七；彩版二三，1）。石纵 122、横 48、厚 6~7.5 厘米。上边缘伤残。

画面纵 111.5、横 40 厘米。画面内容分为左、中、右三栏，相互间以凸起平面相隔。

左栏为外边饰，刻连续的蔓草卷云纹，枝叶茎络以墨线绘画表现。

右栏为内边饰，由多个勾连云纹组合成图案，形式与墓门横楣石上纹饰相同。在上端刻一物，形体难辨。

中栏为主画面，内容分为上、下两格。

上格刻画一树干弯曲的神树直上云霄，树周围有山峰。西王母高踞神树之巅，头梳分髾髻，身着宽袍，面右坐于船形座上。西王母头顶上遮罩云形伞盖，盖顶部位残损，盖面上用黑墨勾画弧线，用墨彩涂斑点装饰。盖檐下一株灵芝仙草垂挂在西王母面前。在神树树干左侧的空白处填二鸟，其中一鸟面左飞翔，一鸟面右，右爪落于树节上，左爪悬空。

下格刻熏炉。炉身为桃形，顶伸入隔棱平面内，伸入部分涂描墨彩表现。炉柄细长，中部穿圆璧。炉身下承侈口折肩浅腹盘，炉柄底端亦有形状相同的圆盘。

3. 右边柱石

编号 M1：3-3（图四八、四九；彩版二三，2）。石纵 127、横 50、厚 5.5~8 厘米。右上角伤残，上部石面上有径 1.5 厘米原生锈色石疵。

画面纵 112、横 42 厘米。画面与左边柱石相对布置，亦分三栏。

右栏是外边饰，刻蔓草卷云图案。顶端刻一龙，尾部与云头相连。

左栏是内边饰，由多个勾连云纹组合成图案。

中栏上格与西王母相对刻画东王公。东王公头戴三叶尖角王冠，身着袍服，面左坐于船形座上。东王公头顶上遮罩云形伞盖，盖上墨彩绘画的勾卷纹样清晰可辨。东王公前有一羽人，戴鹤冠，手持长有灵芝草的钵，面向东王公作进献状。在神树右侧高突的树节上有一鸟，回眸远望。

下格刻绘的熏炉炉身为圆球形，柄上穿璧，炉身和柄底端亦承盘。熏炉各部分相接处以墨线描画表现。

图四四　M1 前室至北壁横楣石（拓本）

0　　20厘米

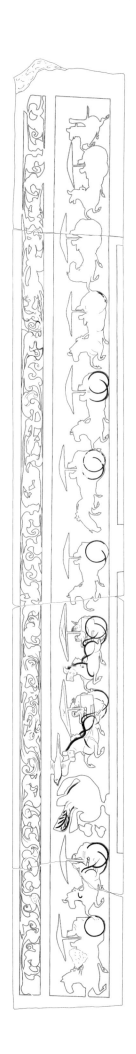

图四五　M1 前室至北壁横楣石（线摹本）

0　　20厘米

0   20厘米

图四六 M1前室北壁左边柱石（拓本）

0   20厘米

图四七 M1前室北壁左边柱石（线摹本）

图四八　M1 前室北壁右边柱石（拓本）　　　　　图四九　M1 前室北壁右边柱石（线摹本）

二　二号墓画像石

M2共出土画像石21块，分别为：墓门5块，前室东、西、南壁各3块，北壁4块，后室南壁1块，北壁2块。画像石均为砂质页岩，画像为浅浮雕图像，边廓墨线勾画，局部涂彩，铭文阴线刻就。

（一）墓门

墓门由横楣石、左、右门柱石及左、右门扉石5块画像石组成，组合完整（图五〇）。物像刻绘结合，墨线清楚。横楣石的众多人物形象主要以绘画形式完成，由此可窥视汉代绘画的方法和技巧。

1. 横楣石

编号M2：1-1（图五一、五二；彩版二四）。石纵35.5、横190、厚7.5厘米。

画面纵32.5、横152厘米。内容分为上、下两栏，中以凸起隔棱相隔。

上栏为窃曲龙凤纹。龙凤缠绕枝干，枝节、干端和龙凤身上均附着卷曲厚重的云朵以充实画面，飞鸟和奔跑的小兽添缀其间。刻画的凤鸟变形夸张，身躯瘦长，眼睛、喙、耳、羽毛等细部用墨线描绘。龙张口吐舌，瞪目龇牙，双角后扬，眼睛和牙齿用墨绘表现。右端云头上刻一只凤鸟，其身后倚枝干，细长的翎羽飘垂至后颈下。画面所有物像均以墨线勾勒边廓，凸起相连的不同图像间用墨线分隔，云朵也以墨线向内勾画勾连卷云式样。

下栏为人物图（彩版二五，1～4）。画面上八位官吏头戴进贤冠，内衬黑介帻，身着宽袖大袍，端坐于枰上。头冠墨线为骨，巾帻涂黑。袍服衣袖、下摆及衣褶用墨笔勾画弧形曲线，线条纤细流畅，技法娴熟。每人坐一枰，《释名·释床帐》曰："枰，平也；以板作之，其体平正也。"《埤苍》又曰："枰，榻也，谓独坐板床也。"枰以墨线勾边廓，枰面用直线与人体分隔表现。人物面部眉、眼、睛、鼻、嘴、胡须均墨笔绘画，表情丰富，形象生动。

官吏两侧及中间各蹲踞两位小吏，亦头戴进贤冠，内衬黑介帻，着长袍，宽大的下摆呈月牙弯曲形状，四人双足外露。左二人当中一人向左斜视，一人正视前方，左手执笏。右二人与左二人相对布置，面略微右侧，右手执笏。中间二人居左者右手执笏，目视笏板，张嘴露牙像在诵读；居右者左手执笏。左端小吏面前有两株生长茂盛的嘉禾，嘉禾间有一鸟。右端小吏前也有一株枝分三叶的嘉禾，禾左、右各有一鸟。嘉禾以墨线绘植物茎脉，小鸟眼、羽等细部以线描表现。

人物上方以十三只飞鸟填白。鸟向左展翅飞翔，左端两鸟回首观望，左起第二只形体较大。其中四只身体瘦长，两两相随，别于其他。飞鸟以墨线勾勒轮廓，眼、喙、羽毛细部以线条描绘。

2. 左门柱石

编号M2：1-2（图五三、五四；彩版二六，1）。石纵120.5、横37、厚6.5~7厘米。上边棱残缺部分长12.5、宽2.5厘米。下部石面剥蚀脱落，局部低凹。

画面纵106、横28厘米。画面内容分为内外两栏。

外栏与横楣石左端边饰图案相接，占据画面近二分之一。上部枝干上停歇一鸟，右足踩在云头上，

0 _____ 20厘米

图五〇　M2墓门画像石组合图（拓本）

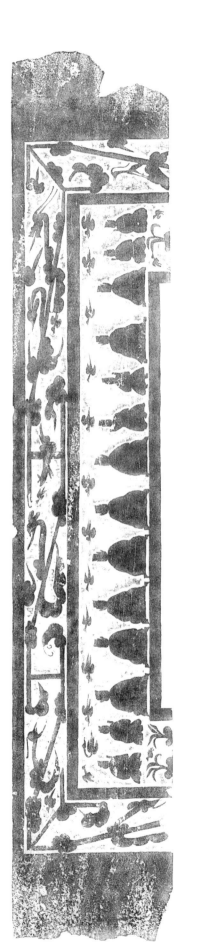

图五一　M2墓门横楣石（拓本）

20厘米

0

图五二　M2墓门横楣石（线摹本）

20厘米

0

振翅回首。中部刻一鸟变形成云身，体长宛转三绕直枝，一鸟栖落其身，口啄枝干，翎毛弓形后扬，两只长腿特别醒目，形体与横楣石右端的鸟相同（彩版二七，1）。下部刻一向右飞翔的小鸟填白。

内栏分为大小不等的四格。上一格刻西王母形象。西王母端坐树形悬圃之顶，头蔽伞盖，盖檐下流苏飘垂。头戴尖角华胜，身穿宽袖大袍，身后尾巴外露。《山海经·西山经》曰："又西三百五十里曰玉山，是西王母所居也。西王母其状如人，豹尾虎齿而善啸，蓬发戴胜，是司天之厉及五残。"此处西王母形象更接近早期神话里的半人半兽神，与陕北画像中常见的端庄慈善的女神截然不同。树干间面左跪一兔，左手举杵，右手扶罐，正专心捣药。一鹿从树后向右跑出，尾部被树干遮挡。树周峰峦叠嶂，地貌以三个尖耸的三角形表现（彩版二七，2）。

第二格刻一门吏，戴笼冠，衬介帻，服宽袖长袍，执笏佩剑，正面站立，脸微向右侧。笼冠用两组平行斜线交叉构成菱形纹产生透视效果，人物五官墨线淡化。佩剑用粗墨线绘出，人身之外部分浮雕凸起，剑首、剑格、剑珌涂黑（彩版二七，3）。

第三格刻一人像，戴平顶冠，内衬黑介帻，着长袍，踞坐于榻上。

第四格呈方形，较小，内减地，无物像。

3. 右门柱石

编号 M2：1-3（图五五、五六；彩版二六，2）。石纵120.5、横36.5、厚7厘米。左上角有伤残，侧棱錾刻成"人"字纹。

画面纵106、横28厘米。凸起物像大部分呈浅黑色，可能与石质有关，画面与左门柱石对称分布。

外栏窃曲纹枝干上攀龙附凤，下部空白处有一兔，仅露半个身子。兔抬头向上，双耳后伸，前足高举。

内栏上一格刻绘与西王母相对的东王公，亦高坐悬圃，上蔽华盖，头戴尖角胜。东王公前以一只飞鸟填白，下部树干左侧一鹿高抬前足昂首前行。

第二格刻拥彗门吏，头戴平上帻，身穿宽袖长袍，胸前搭一拂尘用毛掸。人物五官、衣褶以线描表现，巾帻、衣掸以黑墨涂绘（彩版二七，4）。

第三格刻一人像，戴平顶冠，着袍服，踞坐于榻上。

第四格内同样未刻绘物像。

4. 左门扉石

编号 M2：1-4（图五七、五八；彩版二八，1）。石纵109.5、横49、厚5厘米。石右边棱上有伤残。上门枢长12、宽6.5厘米；下枢长2.5、宽6厘米。画面右边侧中部有安装门环孔，直径1.5厘米。

画面纵94.5、横36.5厘米。物像减地浅浮雕刻绘，内容分为两部分。

上部为朱雀图。朱雀口中含丹，昂首伸颈，顶翎高扬，双翅抖动，三枝尾羽上翘，一足高抬，一足立于衔环兽首顶尖上，面右目视前方，翩然欲飞。翎毛和尾羽端刻成锯齿状表现舒张的羽毛，足趾刻划细致。

0　　　　　　　　20厘米　　　　　　　　　　0　　　　　　　　20厘米

图五三　M2墓门左门柱石（拓本）　　　　　　图五四　M2墓门左门柱石（线摹本）

0　　　　　　　20厘米

图五五　M2墓门右门柱石（拓本）

0　　　　　12厘米

图五六　M2墓门右门柱石（线摹本）

下部为铺首衔环图。铺首为面目狰狞的兽面，山形宽额，桃形独角，尖耳竖立，两鬓毛发蓬张，两颊丰润，怒目贲张，暴齿衔环，颌下三绺胡须向右飞动。眼部以阴线刻就。兽首半圆形舌、胡须、圆环等处墨线清晰，其余不辨。

5. 右门扉石

0　　　　　　　20厘米　　　　　　　　　0　　　　　　　20厘米

图五七　M2墓门左门扉石（拓本）　　　图五八　M2墓门左门扉石（线摹本）

编号 M2：1-5（图五九、六〇；彩版二八，2）。石纵 109、横 49、厚 4.5 厘米。断为两截，门环部位残缺。上门枢缺；下门枢长 2.5、宽 7 厘米。

画面纵 94.5、横 36.5 厘米。画面构图布局基本与左门扉石相似对称。

上部朱雀昂首闭嘴，振翅欲飞。顶翎长而后扬，尾巴下拖，四枝尾羽翘起，中间一枝与边框相接。一足高抬，一足前趾支立于兽首顶端。

图五九　M2 墓门右门扉石（拓本）

图六〇　M2 墓门右门扉石（线摹本）

下部衔环铺首与左门扉石形象略同，惟所衔圆环距下边框较远。

（二）前室南壁

由横楣石和左、右门柱石装饰墓壁，组合完整（图六一）。

1. 横楣石

编号：M2：2-1。由左、中、右三石组合而成，纵30~33、横289.5、厚7~8厘米。其中左石纵30、横72、厚7厘米；中石纵33、横160.5、厚7.5~8厘米（图六二、六三；彩版二九）；右石纵32、横57、厚7.5厘米。左、右二石分别与左、右门柱石相连为一体，中石断为两截，下边缘伤残，剥蚀严重。

三石组合形成的横楣画面纵27、横273厘米，分为上、下两栏。

上栏与左、右门柱石外栏图案连接构成整个画面的边饰，刻窃曲龙凤纹。龙凤缠绕枝干，形体变化多端，空白处填以鸟兽。

下栏为"诸郡太守待见传"图。在画面两端内、外栏之间的隔棱上，隶篆结合阴线竖刻一行七字"诸郡太守待见传"，其上涂朱色（图六四；彩版三〇，3、4）。左端字体间距较大，色彩鲜艳；右端字体内侧纵向刻一道宽阴线作分隔界线，字体相对较小，排列紧密，色彩褪尽。此为画像的名称和主题。围绕主题，画像的设计者以虚构中线为画面中心轴，大致按轴对称图形布局。物像采用减地浅浮雕和局部阴线刻及细部涂彩描绘的方法完成。

画面两端分别刻绘一庭院，院中央建高瓴大屋，屋出檐。建筑通体施浅黑彩，瓦脊用阴刻斜线表现，围墙以斜线或直线示意，立体感强烈。两边围墙上刻上、下两个长方形框，表示户牖，前墙低矮，上建栏杆。画像左端图像保存较好。

每屋内分别刻待见的四位郡太守形象，并在人物上方的屋檐上用隶书阴线刻四行八字并涂红彩，标明太守本人所在郡别、籍贯及姓氏。

左端屋内四太守均着红衣，踞坐枰上（彩版三〇，1）。左二人相对而坐，位左者头戴进贤冠，右上方刻"太原太守扶风法君"（彩版三〇，2），位右者头戴武弁大冠，右上方刻"雁门太守颍川□君"，每人身后均面向主人跪一戴冠执笏文吏（图六五）。右二人皆头戴进贤冠，正面向前，身旁各立一戴进贤冠执笏文吏，人物上方刻字剥蚀严重，无法辨认。

右端屋内四太守亦身着红衣戴冠，两两相对踞坐枰上，身后或跪或立戴进贤冠执笏文吏，人物上方刻字不辨。

此八位太守与墓门横楣石所刻八人多有相似之处，或许表现的是同一主题。

画面中间刻车马队列，以虚构中线为界分两队相背而列，当为八位太守的车马。每队四辆轺车，车盖下刻出三维，每车内乘一人。由画面不难看出，不管轺车面向哪方，车维表现方法相同，即杠左一维，杠右二维。面左轺车内御者乘于车前，面右轺车内有一人乘于车后。轺车均由二马牵驾，车轮浅浮雕刻出。马姿态不一，有的驻足静立，有的张口嘶鸣，有的奋蹄前行。在各轺车上方与隔棱相连的凸起平面上，分别以阴线竖刻二行六字，标注车马属别，字体多漫漶不清，惟面右队列中

图六一　M2 前室南壁南像石组合图（拓本）

0　　　　　　20厘米

图六二　M2 前室南壁横楣石（拓本）

0 ⎵⎵⎵⎵ 20 厘米

图六三　M2 前室南壁横楣中石（线摹本）

0 ⊢——⊢——⊣ 13 厘米

1　　　　　　　　　　　　　　　　　2

图六四　M2前室南壁横楣石两端铭文（拓本）
1.左端铭文　2.右端铭文

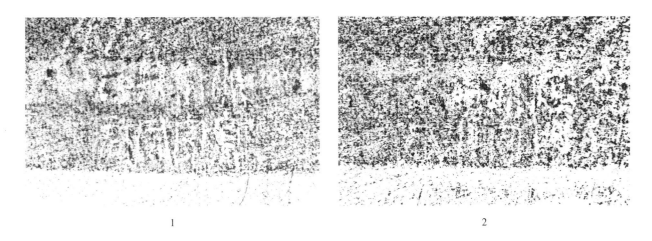

图六五 M2前室南壁横楣石左端人物上方铭文（拓本）
1. "太原太守扶风法君" 2. "雁门太守颍川□君"

自左而右可辨识为："五原太守车马"、"朔方太守车马"、"上郡太守车马"、"定襄太守车马"（图六六）。车马队列拥挤，中间二轺车交叉部分用透视法体现。

由铭文可知，八位太守当为并州诸郡太守。并州为汉代十三州部之一，辖上党、太原、上郡、西河、五原、云中、定襄、雁门、朔方九郡。前室北壁中柱石铭文明确了墓葬所在地，也就是丧主木孟山的户籍所在地：西河郡平周县寿贵里。木孟山历任大将军掾、并州从事、属国都尉府丞等职，其夫人死后，本州各郡太守均前往致祭。横楣石画像从侧面反映了这一事实。画面中，候在庭院内的太原、雁门、五原、朔方、上郡、定襄太守已经确定，另两位很可能是上党和云中太守。本郡即西河郡太守可能不在"待见"

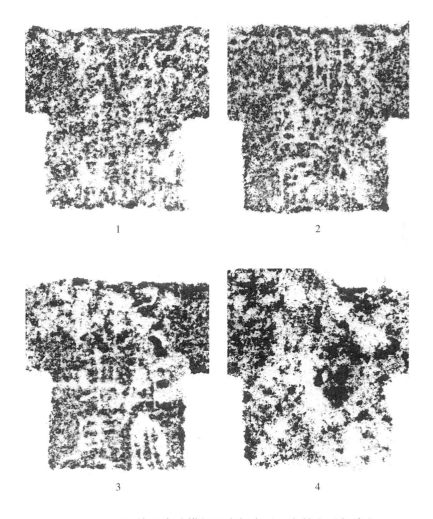

图六六 M2前室南壁横楣石中部车马上方铭文（拓本）
1. "五原太守车马" 2. "朔方太守车马" 3. "上郡太守车马" 4. "定襄太守车马"

0 —————— 20厘米

图六七　M2前室南壁左门柱石（拓本）

图六八　M2前室南壁左门柱石及横楣左石（线摹本）

0　　　10厘米

0   20厘米

图六九　M2前室南壁右门柱石（拓本）

0 ____ 10厘米

图七〇　M2前室南壁右门柱石及横楣右石（线摹本）

之列。

铭文"太原太守扶风法君"说明，时任太原郡太守之人姓法，是扶风人。《后汉书·南匈奴列传》载，安帝延光三年，"以太原太守法度代为（度辽）将军。……冬，法度卒。"史料中未见其他法姓太原太守。

《后汉书》中记载有法姓扶风人法雄及其子孙。《法雄传》云："法雄字文强，扶风郿人也，齐襄王法章之后。秦灭齐，子孙不敢称田姓，故以法为氏。宣帝时，徙三辅，世为二千石。……元初中卒官。"《法真传》云："法真字高卿，扶风郿人，南郡太守雄之子也。……年八十九，中平五年，以寿终。"中平五年（188年）为孝灵皇帝时，则法真生于和帝永元二年（100年）。《刘焉传》注引《蜀志》曰："法正字孝直，扶风郿人也。祖真，字乔卿。父衍，字季谋。"法姓原为齐国田氏，西汉宣帝时以吏二千石迁徙至扶风郿县。"太原太守扶风法君"应为《后汉书》中所记法度，他与法雄当为同一时期的法姓后人。法度于安帝延光三年（124年）由太原太守任度辽将军，同年冬天去世。由此可以推断，该墓葬的年代应为安帝延光三年之前不久。

2. 左门柱石

编号：M2：2-2（图六七、六八；彩版三一）。石纵138、横103、厚7~8.5厘米。左上部与横楣左石相连，边缘有磕碰，下边不齐整，左边侧宽6~10厘米的石面凿低1.5厘米，是为与前室东壁画像石相嵌套而作。

画面纵116、横85.5厘米。分为内、中、外三栏。

内栏刻蔓草纹，枝蔓下端有一龙跨步前行，上部添缀二鸟。

中栏为主画面，刻一只体肥健壮、雄性十足的羝羊昂首抬足，面右而行。粗大的羝角向两侧弯曲，颔下垂须，短尾翘起。羝羊周围云气缭绕，一龙伸首甩尾，一足踩羊角竖立于云间。羊头顶上部祥云中间有两鸟相向站立，低首伸颈，首部上下相错。画面左侧空白处亦填一鸟，形体简洁明了。所有物像以浅浮雕刻出，边缘轮廓及动物眼部、羽翼细部用墨线描绘。画中"羊"同"祥"，寓意吉祥。

紧贴画面下边框有一用较粗墨线勾勒出的人物头像，戴帽，面部丰润。人像与所刻画像呈垂直方向，可能是画工随意描画的。

3. 右门柱石

编号：M2：2-3（图六九、七〇；彩版三二）。石纵132、横91、厚7.5厘米。右上部与横楣右石相连，下边缘未作加工不齐整，边棱磕碰。石面下部凸凹不平，图像就材刻绘。石剥蚀严重，内拐角处斜向下有裂缝。

画面纵116、横83厘米，与左门柱石相对。

内栏刻蔓草纹。

中栏分上、下两格。上格以翻腾的云海作背景，一雄鸡羽冠肥大，足趾健壮，面左独立云头之上，回首观望。其左下方一大鸟张口伸颈，面向雄鸡蹲立。画面下部刻二龙。右边翼龙张牙舞爪，腾空跳跃。左边龙身瘦弱，面左俯身。画面中间云端上静立一小鸟。

下格刻一雄健的牡鹿，昂首举前足，面左行进。头上双角向后挺立，腹下披毛锯齿飞扬。鹿前有一株嘉禾。鹿背上部空白处刻两应龙，上者张口露齿，面左大步行进；下者面右回首，前足停立，后身扭曲与浮云重合。"鹿"同"禄"，寓意福禄。

（三）前室东壁

画像石组合形式同前室南壁，画面内容完整，左、右门柱石上物像施鲜艳的色彩表现（图七一）。

1. 横楣石

编号：M2：3-1。由左、中、右三石组合构成，纵30~32.5、横288、厚7~11厘米。其中左石纵30、横71、厚7厘米；中石纵32.5、横149、厚11厘米（图七二、七三；彩版三三）；右石纵30、横68、厚10厘米。左、右二石分别与左、右门柱石相连为一体，边缘有伤残。

三石组合形成的横楣画面纵29.5、横272厘米，内容分为上、下两栏。

上栏刻窃曲龙纹，空白处填奔跑的小兽和飞鸟，首尾呼应，相映成趣。

下栏为骑猎图。共刻五骑，均面左狂奔。第一骑马抬头翘尾奔跑，骑手戴武冠，颈后飘带飞扬，手持缰绳稳坐马背。第二骑紧随第一骑，骑手戴武冠，左手持弓，右手拉满弦转身回射身后飞鸟，其中远处的一只已被射中。第三骑马骠肥体大，头顶以穗状物装饰，向前飞奔，骑手戴帻。第三骑前刻一背生翼天马，张口嘶鸣，前足腾空，后尾高扬。天马被云气围绕，前有仙草和一只面左静立的朱雀。第四骑骑手亦拉满弓引弦回射云梢上比肩飞奔的二鹿。第五骑较小，根据近大远小的透视原理表现空间距离，骑手挺立马背，回首张弓射杀奔虎。骑前有一兽立于云头。画面右端小土丘上生长一棵枝叶茂密的柳树，周围以天空飞翔的鸟雀和地上奔跑的小兽填白点缀。狩猎图是陕北画像石中常见的题材，该横幅图煊染紧张激烈的射猎场面，物像疏朗清丽，匀和协调。由于石面剥蚀，画面墨线不清（彩版三四，1、2、3）。

2. 左门柱石

编号：M2：3-2（图七四、七五；彩版三五）。石纵142、横103、厚6.5~7厘米。左上部与横楣左石相连，下边缘不整齐，左边侧宽8~10厘米的石面凿低1~2厘米，是为与前室北壁画像石嵌套而作。

画面纵117、横86厘米。分为四栏，相互间以平面凸起的宽2.5厘米的条棱隔开，其中左起第二栏画面凿低1厘米，刻者通过凸凹视觉产生的效果来增加整幅画面的立体感，同时表现画面的重心所在。

左起第一栏图像剥蚀严重。画面下部为连续飘逸的云絮纹饰，上部刻一双头比翼鸟昂首伸颈，振翅翘尾，足趾发达，面右站立。其下似刻一动物，图像漫漶无法辨认。

第二栏为主画面，刻画菱形结构的绶带穿璧纹，空白处填云朵纹，物像边缘留有底样墨线痕迹。绶带上画赭色小菱形块斜向紧密排列作装饰。绶带交叉处穿璧，璧涂染天蓝色，上画鹅黄色圆点，以表现谷纹。画面两侧的隔棱上分别绘画十三个矩形，连接矩形对角线分割为四个三角形，内以朱、白、蓝三色填充三角形，形成相间有序的图案，色彩剥蚀隐约可见。画面与隔棱间錾刻形成的杀面

图七一　M2 前室东壁画像石组合图（拓本）

0   20 厘米

图七二　M2 前室东壁横楣石（拓本）

图七三　M2 前室东壁东横楣中石（线摹本）

0　　10厘米

0 _____ 20厘米

图七四　M2前室东壁左门柱石（拓本）

图七五　M2前室东壁左门柱石及横楣左石（线摹本）

0　　　　　　　　　　　　20厘米

图七六　M2 前室东壁右门柱石（拓本）

0   20厘米

图七七　M2前室东壁右门柱石及横楣右石（线摹本）

涂白彩。

第三栏分为三格。上格刻东王公头戴尖角冠，肩生双翼，端坐于灯形悬圃之顶。左有仙人为其撑起曲柄带流苏伞盖，右有羽人手捧仙钵（彩版三六，1）。中格刻一牡鹿，站立云头眺望前方（彩版三六，2）。下格刻一牛首人身门吏，着长襦大袴，双足外露，执戟面右而立（彩版三六，3）。

第四栏即内边栏，刻如意云纹，纹饰间填龙首、嘉禾点缀。

3. 右门柱石

编号：M2：3-3（图七六、七七；彩版三七）。石纵131、横98、厚5.5~10厘米。右上部与横楣右石相连，石从上部斜断为二，边缘略有伤残。

画面纵111、横91厘米。与左门柱石相对，内容风格相似。

右起第一栏上端刻一铺首，头顶鬃毛飞扬，右眼炯炯有神，左眼未刻出。铺首前向左站立一鸟，头生三叶顶羽，身体肥硕，足趾健壮，上部被云气围绕，足下有一张口露齿吐舌的小龙。画面下半部刻流动飘绕的云絮纹。

第二栏亦为主画面，刻绘方法、内容与左门柱石第二栏完全相同，色彩清晰艳丽（彩版三八）。

第三栏上格刻西王母，束发着袍，面左侧坐于悬圃之顶，身后的神鸟为其撑起伞盖。西王母面前的玉兔低首躬腰，双手捧钵。悬圃下刻一鹳鸟衔鱼。中格刻一桃拔身高体健，静立回首（彩版三九，1）。桃拔周围祥云缭绕，下有一狐抬头向前行走。下格为执矛鸡首人身门吏图（彩版三九，2）。

第四栏为内边栏，在飘逸的云絮间添加龙首。

横楣右石背面有墨绘图像。左为一梳双髻、戴耳珰的女性形象，穿袍服，双足外露。右为一男子头像（彩版三九，3）。

（四）前室西壁

与前室东壁相对布置，形式结构相同，画面内容风格及表现方法相近（图七八）。

1. 横楣石

编号：M2：4-1。由左、中、右三石组合而成，纵30~33.5、横299、厚6.5~7.5厘米。其中左石纵33.5、横74.5、厚7.5厘米；中石纵32.5、横151.5、厚6.5厘米（图七九、八〇；彩版四〇）；右石纵30、横73、厚7厘米。左、右二石分别与左、右门柱石相连为一体。剥蚀严重。

左、中、右三石组合形成的横楣画面纵29、横273.5厘米。画面内容分为上、下两栏。

上栏刻窈曲龙纹，空白处填狐、犬、鹿及飞鸟点缀。

下栏为龙腾图，刻有六条形态各异的龙。居左端者身形颀长高大，左向行进，前有一人从隔棱后探出半个身子向外窥探动静。其后一龙回首面右。画面中间刻画二龙，其中一龙于空中曲颈面右，另一龙面左行进，二者之间填刻羽人持嘉禾草、惊慌的野兽等（彩版四四，2）。画面右端之龙头大颈细，体态笨拙，尾巴特长，拖曳至右门柱石画面内。其前刻翼龙张口甩尾，大踏步面左行走。此二龙周围祥云缭绕，凤鸟相伴。整幅内栏画面把众多的神龙集于同一个画面，在陕北画像中非常少见。

图七八 M2 前室西壁画像石组合图（拓本）

0 ⊢—⊣ 20厘米

2. 左门柱石

编号：M2：4-2（图八一、八二；彩版四一）。石纵130.5、横107、厚7.5厘米。左上部与横楣左石相连，左边侧低于画面1厘米，与前室南壁画像石嵌套。

画面纵115、横90厘米。与右门柱石相对，内容大致相同，惟第三栏上格对应西王母处刻东王公，下格对应兽首人身门吏处刻执笏佩剑熊首人身门吏（彩版四四，3）。画面外下部的石面上有一墨线描画的勾云纹。

3. 右门柱石

编号：M2：4-3（图八三、八四；彩版四二）。石纵148、横107、厚7厘米。右上部与横楣右石相连，右边侧宽5~11厘米比画面凿低2厘米，与前室北壁画像石相嵌套。錾刻较平整，錾痕清楚，边棱不整齐。下边棱大体凿刻，显粗糙，为埋入地下部分。

画面纵122、横87.5厘米。分为四栏，画面上遗留底样墨线痕迹，物像细部用细墨线描绘。

右起第一栏上端铺首，飞角张须，瞠目露牙，刻划细致。其下龙首与下部缠绕翻腾的云絮相连（彩版四四，1）。

第二栏绶带穿璧图中绶带涂粉彩，天蓝色圆璧上画鹅黄色谷纹。画面大部分色彩保存完好，清晰鲜艳（彩版四三）。

第三栏上格刻西王母，梳分髻鬟，高坐悬圃之顶，左右有侍者，身后下方有鸟。中格刻一只鹿在祥云间飞奔。下格刻兽首人身门吏，穿长襦大袴，佩剑执矛，面左恭立（彩版四四，4）。

第四栏为内边栏，刻如意云纹。

（五）前室北壁

由横楣石和左右边柱石组成，呈"Π"形结构装饰墓壁，中以长条中柱石分割（图八五）。

1. 横楣石

编号：M2：5-1（图八六、八七；彩版四五）。石纵33、横276、厚10~12厘米。断为三截，左端边缘略有伤残。

画面纵30、横271厘米。分上、下两栏。

上栏刻窈曲纹，龙凤缠枝绕干，飞鸟和小兽隐现其间。两端纹饰与边柱石图案相接。

下栏为车骑出行图。画面的右端刻一宅院，院内生长两棵茂盛的树木和一株嘉禾（彩版四六，1）。院外上刻一树，下刻一戴帽穿长襦大袴的拥彗门吏。画面共刻五辆轺车，均双辕驾一马，列队向左行进。每车前均有二导骑，车后多有二从骑。左端为首的车马图像剥蚀严重，漫漶不清，车前导骑仅一骑依稀可辨，受空间限制相对较小。车左侧刻一似桃拔动物低首驻足，寻嗅食物。第二辆轺车御者身材魁梧，头戴武冠，一手持鞭，一手勒辔，马引颈前奔。车内乘者戴冠静坐，车下刻两兽奔跑。第三辆轺车缰辔未刻出，别于其他。第四辆轺车驾马昂首甩尾，头顶上饰缨高高扬起。第五辆轺车御者身形较小，车内乘者头戴进贤冠，身形高大，二人形成明显的反差。随行的骑手戴武弁大冠或进贤冠或帻，挟戟，守护车辆行进。画面左端的上、下栏间的隔棱内边缘不像其他处刻成直线，而改为连弧曲线，此与画面右端

0   20厘米

图七九　M2前室西壁横楣石（拓本）

图八〇　M2前室西壁横楣中石（线摹本）

0　　　10厘米

0　　　　　　20厘米

图八一　M2前室西壁左门柱石（拓本）

0　　　　10厘米

图八二　M2前室西壁左门柱石及横楣左石（线摹本）

0 ──────── 20厘米

图八三　M2前室西壁右门柱石（拓本）

0   10厘米

图八四　M2前室西壁右门柱石及横楣右石（线摹本）

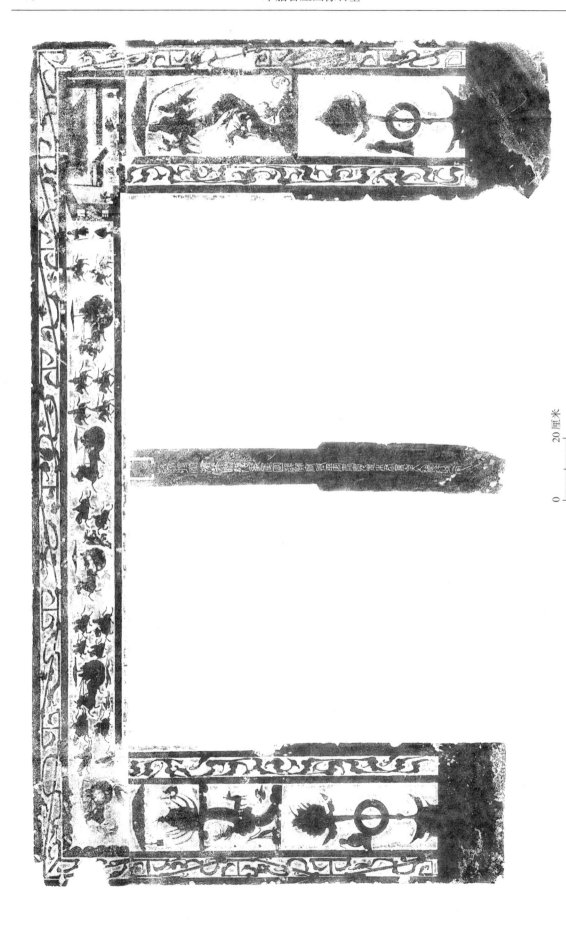

0　　　20厘米

图八六　M2前室北壁横楣石（拓本）

0 _____ 20厘米

图八七　M2前室北壁横楣石（线摹本）

0 _____ 20厘米

的连弧形屋檐相照应，既不使画面轻重失衡，又起到很好的装饰效果（彩版四六，2~4）。

2. 左边柱石

编号：M2：5-2（图八八、八九；彩版四七，1）。石纵140.5、横50、厚6.5~7.5厘米。

画面纵115.5、横42.5厘米。与右边柱石相对，内容分为三栏。

外栏刻窃曲龙凤纹，与横楣石左端图案相接。

中栏上格刻与西王母相对的东王公。东王公端坐树形悬圃顶上，冠上插羽，着袍。头顶上方的伞盖檐下垂吊络缨。玉兔跪于右侧，面向东王公举杵捣药。在悬圃树干左侧上部似刻有一兽，下部刻凤鸟朝天而视，右侧刻一鹿面右站立，尾部被树干遮挡，下方填一鸟向左飞翔。

下格为熏炉图。炉身呈桃形，边缘齿状表示镂空透雕。炉下有承盘，细长柄，中部穿圆璧装饰，下承浅腹盘，底座为高圈足浅腹盘。在炉柄左侧与璧相连刻一侍女梳垂髻髻，着袍面右踞坐。

内栏刻蔓草纹，在仙枝灵草间缀鸟平添生气。龙首细部、植物根茎用墨线描画表现。

3. 右边柱石

编号：M2：5-3（图九〇、九一；彩版四七，2）。石纵143、横52、厚7~8厘米。

画面纵115.5、横45厘米。亦分三栏。

内、外栏刻绘内容与左边柱石相同。草叶脉络用墨线绘画示意。

中栏为主图像，分为上下相等的两格，图像漫漶，隐约可见物像边缘轮廓线痕，人物发式似用墨线描画。

上格刻西王母，梳分髻髻，着袍，面左侧坐于高大的树形悬圃之顶，头顶上蔽曲柄伞盖。西王母面前刻着宽袖长衣、梳分髻髻的侍女，双手捧物，面向西王母半跪作敬奉状，身后的侍女亦梳分髻髻，相背而坐。树干呈弯曲形状，在较大的空间内填刻一天马，背生三翼。

下格刻绘的熏炉与左边柱石上图像相似，台式底座。壁左侧站立一梳垂髻髻面右的侍女。

4. 中柱石

编号：M2：5-4（图九二、九三；彩版四八）。石纵162.5、横16.5~12、厚7.5厘米。

石呈长条形，上宽下窄。顶部居中平面减地阳刻斗栱图形，高8.2、宽7.5厘米。石上部两边侧减地刻出高64、宽2厘米的边饰。石面上可见构图时留下的阴线刻划痕，在中间两竖直线间宽4.3~3.3厘米的范围内，阴刻一行篆隶混合书体铭文"故大将军掾并州从事属国都尉府丞平周寿贵里木君孟山夫人德行之宅"，总高108、宽2.5~3.5厘米。铭文共三十字，其中第五至八字剥蚀严重。刻字涂朱色，出土时隐约可见。

大将军是汉代高级官员，位比三公，多由皇亲国戚担任此职。《后汉书·百官一》云："将军，不常置。本注曰：掌征伐背叛。比公者四：第一大将军，次骠骑将军，次车骑将军，次卫将军。"又云："长史、司马皆一人，千石。本注曰：司马主兵，如太尉。从事中郎二人，六百石。本注曰：职参谋议。掾属二十九人。令史及御属三十一人。本注曰：此皆府员职也。"由此可知，掾属是将军手下负责具体事务的官员。"大将军掾"即大将军的属官。

汉代分全国为十三刺史部，并州为其中之一，治太原郡晋阳县。刺史属官有从事、假佐，"并

图八八　M2前室北壁左边柱石（拓本）　　　　图八九　M2前室北壁左边柱石（线摹本）

0　　　　　　　20厘米

0　　　　　　　20厘米

图九〇　M2 前室北壁右边柱石（拓本）　　　　图九一　M2 前室北壁右边柱石（线摹本）

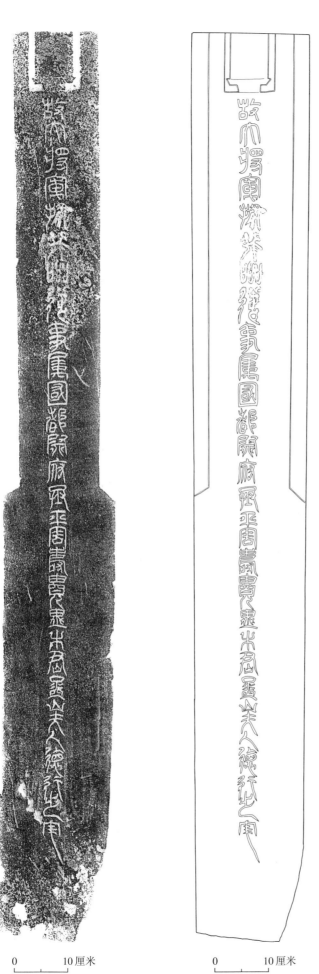

0　　　10厘米

0　　　10厘米

图九二　M2前室北壁中柱石（拓本）

图九三　M2前室北壁中柱石（线摹本）

州从事"是并州刺史的属官。

属国，秦时称属邦，汉时为避高祖刘邦讳，改称属国。属国制度是秦汉政府对归附的少数民族部落实行的一种行政管理制度，属国居民允许保留原有的生产、生活方式和社会组织，《汉书·卫青传》颜师古注曰："不改其本国之俗而属于汉，故号属国"。并州刺史部监管上党、太原、上郡、西河、五原、云中、定襄、雁门、朔方九郡，《后汉书·郡国五》记上郡有龟兹属国，故址当在今榆林市北。《汉书·地理志》云："龟兹，属国都尉治。"《后汉书·皇甫张段列传》注引《前书音义》曰："龟兹国人来降之，因以名县"。据此，龟兹属国就是西域龟兹国降民的集居地，铭文中的"属国"可能就是指上郡龟兹县的龟兹属国。属国由属国都尉管理。王宗维在《汉代的属国》中说："属国都尉是都尉的一种，它是领护郡境内属国吏民的最高军政长官，由汉朝政府直接任命，下设丞、候、千人、千长、百长等官职，其职责是佐太守以掌属国，同时也受中央典属国的领导。西汉时属国都尉低于郡太守，设有与郡平行的比郡属国。东汉设立比郡属国，属国都尉领县，与郡太守平行，这类属国都尉就成为郡级官员了。"①贾敬颜在《汉代的属国和属国都尉考》中说："属国都尉身为边疆大吏，握有重兵，实际权力往往要比郡太守大得多。"②此外，胡小鹏、安梅梅在《近年来秦汉属国制度研究概述》中说："王宗维《汉代的属国制度与民族关系》(马大正主编:《中国古代边疆政策研究》，中国社会科学出版社，1990年)和芈一之《论中国历史上对甘青民族地区的特殊政治制度》(《青海民院学报》，1984年第4期)都指出，属国都尉下属有两个系统:一是与郡太守并行的属国都尉，有丞，共掌属国事;二是行政系统，郡尉下领县，万户以上置县令，万户以下置县长，秩次于令。"③综上，铭文"属国都尉府丞"可能就是指龟兹属国都尉的丞。

"平周"乃汉代西河郡的辖县，"寿贵里"是平周县下的里名。"平周寿贵里"是木孟山的籍贯住址，也是其夫人的葬地所在。

"木君孟山夫人德行之宅"意思是:木孟山夫人的阴宅。

通过以上的分析，我们认为M2墓主为木孟山的夫人。木孟山历任大将军掾、并州从事、龟兹属国都尉府丞之职，其夫人葬于西河郡平周县寿贵里，即今天的米脂官庄。1978年，官庄出土了一块铭文为"永和四年九月十日癸酉河内山阳尉西河平周寿贵里牛季平造作千万岁室宅"的纪年刻石，由此得知两汉时西河郡平周县的地理位置，也因此对米脂县在东汉时属肤施县之说提出疑问，纠正了唐宋以来平周县故址在山西介休的错误说法。吴镇烽先生对此有详细论述④，该中柱铭文刻石再次为其观点提供了真实可靠的实物依据。

结合前室南壁横楣石铭文分析，汉安帝时大将军有邓骘和耿宝，据《后汉书·安帝纪》，邓骘任大将军之职的时间在永初二年(108年)十一月至永初四年(110年)十月间，耿宝任大将军之职的时间在延光三年(124年)八月至延光四年(125年)五月间。木孟山在延光三年(124年)已官

①《文史》第20辑，中华书局，1983年。

②《史学集刊》1982年第4期。

③《中国史研究动态》2007年第10期。

④ 吴镇烽:《秦晋两省东汉画像石题记集释——兼论汉代圜阳、平周等县地理位置》，《考古与文物》2006年第1期。

至属国都尉府丞、并州从事，他任大将军掾之职可能在耿宝拜为大将军之前，也就是说铭文中的大将军指的是邓骘。

（六）后室南壁

仅以一块横楣石装饰墓葬南壁，与前室北壁横楣石紧贴前后室间的过洞顶石相背装置。物像墨线描绘局部，多剥蚀不辨。

编号：M2：6（图九四、九五；彩版四九）。石纵33、横224、厚7~8.5厘米。断为两截，石两端未作修整不整齐，右边上、下边缘各有一处伤残。

画面纵29、横178厘米。内容分为上、下两栏。

上栏刻缠枝蔓草纹。

下栏左半部刻画为西王母表演的盛大的乐舞百戏场面。西王母身形娇小，头戴三叶尖角王冠，着袍，肩生双翼，身体微侧，面右踞坐于双层几上。眼、口等部位及冠饰用墨线描绘。几下层足平面呈矩形，三层阶式，与洛阳烧沟1035号东汉墓所出几足相似。西王母身后有两列侍从，一队四人，一队五人。侍从均着短襦裈，头戴鹖冠，冠尾插长羽高扬，双手执戟，一腿高抬作行进姿势。下方的列队前刻一羽人，戴鹖冠，手臂舞动，屈膝弓步向前。

西王母面前一位细腰婀娜的舞伎表演盘鼓舞，地上摆放十个盘，旁边鼓架上置一鼓。舞者体态轻盈，双脚踏盘，右臂上扬，舞袖冠带飞扬，舞姿灵动飘逸。鼓上落金鸟，面右伸颈。

盘鼓舞图右刻助兴表演队伍，阵容强大，共刻画十二人。上方五位舞伎"一"字排开，身着刀圭状燕尾袿衣，面向西王母跪地起舞。第一位舞伎伸腰侧脑，右臂高扬，长袖飘飞，舞姿优美。随后的四位舞伎伸展细腰，双臂耸起。五位之后有一人表演柔术，身轻体灵，蛇腰弧线倒立，目视前方。下方面朝西王母踞坐五位说唱、鼓吹乐手，梳分髻髻，着袿衣，表演专注。乐手前有一鼓，后有二盘。鼓旁一身材低矮、体态臃肿的优人鼓腹甩臂。图中下部填刻鸟兽和祥云（彩版五〇，1、2）。

右半部刻受西王母邀请的仙人赶赴宴享图（彩版五〇，3）。图中二位仙人戴尖角王冠，乘坐载旌云车，云车分别由三马和三鲸拉驾。云车前有导骑一，骑手戴进贤冠，扭头回看身后车队。后有从骑一，骑手戴鹖冠，马张口扬蹄，奋力狂奔。另有三位戴鹖冠的随侍，各骑一鹤，与队随行。图中五位骑手均持旌，旌带随风飘扬，在云车右旁有一戴鹤冠、背生翼的羽人翱游陪同。画面空白处填刻伴翔仙鹤点缀。

在画面两端和中间分别刻柳树，生于土丘，枝叶疏朗，随风摇曳。右端仅以两根枝条伸入隔棱内侧示意（图九六）。

（七）后室北壁

由两块竖石组合装饰墓壁（图九七）。左石呈青灰色；右石石质较差，色灰白。减地浅浮雕物像，轮廓清楚。左石保存较好，物像墨线清晰，人物惟妙惟肖，动物栩栩如生，是汉画像石中反映绘画技巧的精品。

图九四　M2后室南壁横楣石（拓本）

20厘米

0

图九五　M2后室南壁横楣石（线摹本）

20厘米

0

图九六 M2后室南壁横楣石局部（拓本）

0 ⊢—⊢—⊢ 20厘米

图九七　M2后室北壁画像石组合图（拓本）

1. 左竖石

编号：M2：7-1（图九八、九九；彩版五一）。石纵164、横104、厚7~8.5厘米。下边缘不齐整，左上角磕碰。

画面纵137、横101厘米。

2. 右竖石

编号：M2：7-2（图一〇〇、一〇一；彩版五二）。石纵145、横74.5、厚6.5厘米。画像石剥蚀严重，边缘磕碰。

画面纵137、横71厘米。

左右竖石组合形成一幅完整的画面，横172、纵137厘米（彩版五三）。边框上、左、右三面规整，宽3厘米，下面因二石高度不同而距离不等。画面边饰与主画面间以凸起的宽2.5厘米的平面相隔。

边饰上部较窄，两端较宽，刻窃曲龙凤纹。两端刻龙体长宛转，张口吐芯，龇牙瞠目（彩版五四，1）。龙凤攀枝附干，首尾呼应，在空白处以鸟兽填白，在右栏下部刻出一似绵羊动物。左石上物像边缘保留有较粗的墨线痕，龙凤身首用粗细不等、活泼流畅的线条描绘表现眼、睛、嘴、须、角、翅羽等细部。

主画面分为上、下两栏，中以宽棱分隔。

上栏为横长条形，约占整个主画面的五分之一，浅浮雕刻绘人物图。左石上刻出七人。左有二人梳垂髻髻，长裙曳地，袖手相对站立。居左者体态丰腴，面向右前方，其身后跟随一挽髻、亦长裙曳地的窈窕妇女。居右者上身稍前倾，神态恭敬（彩版五五，1）。中间刻二人跽坐对拜，左者挽髻着裙，微俯身；右者梳垂髻髻，着长裙，挺腰直背，手持一物（彩版五五，2）。右端刻二人梳垂髻髻，服宽袖长裙（彩版五五，3）。以上人物发髻用黑墨涂染，五官细部绘画完成，衣服交领式样、衣褶纹路等用墨线表现。右石上亦刻七人。右端一人梳垂髻髻，着长裙，面左袖手跽坐于高台榻上，似在讲述。面前三人朝右袖手跽坐，梳垂髻髻，长裙拖至身后，正在静心聆听。其中靠前一人身后站立一幼童，另二人身后分别跽坐一人，梳垂髻髻，着裙，模样专注（彩版五五，4）。右石由于剥蚀严重，物像仅存轮廓，细部墨彩已完全不辨。

下栏刻绶带穿璧图。在限定的框格内，以两组平行绶带斜交形成四个完整菱形和八个一半菱形图案，在绶带相交处和方框四角上穿圆璧。

中央四个菱形内减地刻绘图案为画面的重点。上图刻卷曲的云絮（彩版五四，2）。下图于飘扬的流云中填一只小朱雀，面左驻足。左图在祥云中刻一只骆驼，短耳尖竖，张口露牙，短尾直伸作奔跑状（彩版五四，3）。骆驼以墨线画眼睛，颈部鬃毛用平行细线表现，身体肌肉突起和皮毛则用较粗的弧线示意。右图在祥云中刻面向左方静立的大象，长鼻下拉，鼻头上卷，短尾后翘，腿足粗壮（彩版五四，4）。

四角上的半菱形内刻飘绕的流云，云絮间填振翅舞动的朱雀、伸颈远观的凤鸟（彩版五四，5）、回首张望的鸥鹗等。

0 ___ 10厘米

图九八　M2后室北壁左竖石（拓本）

0　　10厘米

图九九　M2后室北壁左竖石（线摹本）

0   20厘米

图一〇〇　M2后室北壁右竖石（拓本）

0　　　　　　　　20厘米

图一〇一　M2后室北壁右竖石（线摹本）

下栏所刻物像以墨线勾绘轮廓，云絮用墨线勾勒筋骨，填刻动物细部用细线描表现，物像以左石保存较好，右石线描剥蚀无存。

三　三号墓画像石

M3共出土画像石9块，分别为：墓门5块，前室北壁3块，前室顶中央1块。画像石均为砂岩，画像为平面减地浅浮雕图像，局部涂染红黑彩表现。物像细部墨线多数模糊难辨。

（一）墓门

墓门由横楣石、左、右门柱石和左、右门扉石组成。除左、右门扉石被盗墓者击为碎块外，其余保存完整（图一〇二）。

1. 横楣石

编号M3：1-1（图一〇三、一〇四；彩版五六）。石纵36、横181、厚5.5~8厘米。右下边缘有一处伤残。

画面纵31.5、横157.5厘米。内容分为上、下两栏，中以突起条棱相隔。

画面两端刻有边饰，与中间的物像间无分界标志，为二枝"〜"形藤蔓相互缠绕，蔓上倒垂绽放的花朵，花蕊为尖针式样。右边饰由于主画面占用空间，仅刻出一部分。

上栏为两段由枝柯纹和卷草纹组合的图案，下方空白处填刻人物和动物。站立的二人受空间限制为横刻，头部在右，头顶戴高帽，身穿长襦衣，高扬右臂，右脚后跟着地前趾高翘，扭腰作舞蹈状。在二人之间自左而右分别刻一兔朝天端立，一兔抬前腿面左行走，一狗面左力奔（彩版五七，1）。

下栏刻绘车骑出行图。二辆轺车在左，浮雕轮廓，车盖为伞形，四面敞露，车轮、车厢及马套驾的构件等用细墨线勾画。轺车内乘者头戴进贤冠，身穿黑色交领袍服。人物五官面部墨彩痕迹依稀可辨。御者亦头戴进贤冠，着袍服，双手抱于胸前，牵执缰绳，缰辔等以墨线绘画。驾车的马张口翘尾，四蹄腾空，面左疾奔。红彩画马舌，双眼画两个红色圆圈表示，内红彩点睛，尾末端朱色涂绘（彩版五七，2）。轺车后跟随一辆辀车，车盖顶部隆起形如鳖甲，后舆屏蔽（彩版五七，3）。前舆驭手身材矮小，戴平顶帽，一手牵缰，一手举策。拉驾的马奋蹄飞奔。在画面的左端轺车前刻二人，头戴进贤冠，身穿宽袖长袍，并排站立，双手举笏板恭迎宾客。三车前后有导从四人，皆戴进贤冠，身跨骏马，紧随车队，其中二人手持弓弩。马均竖两耳，高翘长尾，扬蹄奔跑。画面下方边棱两端对称刻二鸟，身细羽长，相向站立，鸟喙、眼睛朱色涂绘（彩版五七，4、5）。

2. 左门柱石

编号M3：1-2（图一〇五、一〇六；彩版五八，1）。石纵130、横43.5、厚6.5~9厘米。石面下部边廓有錾刻痕。

画面纵107、横29.5厘米。画面分为上、下两部分，之间的隔棱在中部相接处错位。

图一〇二　M3墓门画像石组合图（拓本）

　　上部左栏为边饰，刻交缠的藤蔓，与横楣石左端边饰图案连接。右栏分为上、下两格。上格刻西王母戴胜着袍，高坐树形悬圃之顶，头顶上蔽罩伞盖。两梳髻穿深衣的窈窕侍女屈膝半蹲，分侍西王母左右，相对举手托起华盖檐下的特大络缨（彩版五九，1）。神树下部两侧枝生宽厚的树节，左有一兽竖耳垂尾，面右站立；右有一兽抬腿腾空，向右而行。下格刻绘一戴武弁大冠、身穿长袍的门吏，面右恭身侍立，脸侧向右前方，五官墨画表现，冠帽和颌下垂须涂黑。吏手持笏板，上涂红彩。身佩长剑，剑身被人体遮挡，露出两端部分。在剑首下方袍服外伸出钩状物，涂染红彩（彩版五九，2）。

图一〇三 M3 墓门横楣石（拓本）

图一〇四 M3 墓门横楣石（线摹本）

20厘米

0

图一〇五　M3墓门左门柱石（拓本）

图一〇六　M3墓门左门柱石（线摹本）

0　　　　　　　　20厘米

图一〇七　M3墓门右门柱石（拓本）

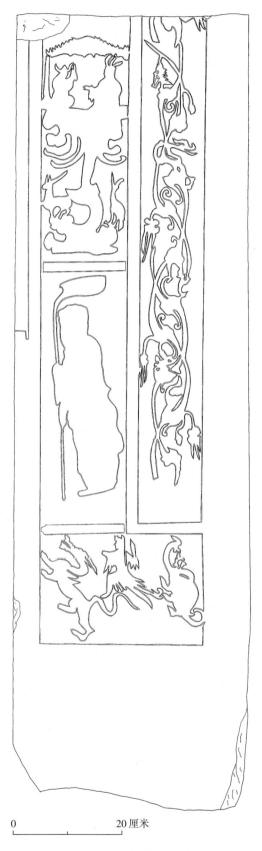

0　　　　　　　20厘米

图一〇八　M3墓门右门柱石（线摹本）

下部于方格内刻二戴鹤冠、身披络绮的羽人并排屈膝弓步,举手伸臂面左,左边的羽人手中持灵芝仙草。羽人前一独角桃拔抬足面向灵芝走去。桃拔下方刻一玄武面右行进,龟蛇两口相对。在羽人下方有一只张牙舞爪的虎向右行走(彩版五九,3)。

3. 右门柱石

编号 M3:1-3(图一○七、一○八;彩版五八,2)。石纵140、横43.5、厚8~9厘米。左上角残。

画面纵112.5、横30厘米。画面与左门柱石相对布置。

上部右栏同为边饰。左栏上格所刻神树及兽与左门柱石上物像非常相似,惟方向相反。树顶东王公面左踞坐,头戴三叶尖角王冠,上蔽华盖。东王公面前单腿屈膝跪一侍者,双手捧一袋状物虔诚进献,东王公作伸手欲接状。下格刻戴平上帻的拥彗门吏,身穿长襦大袴,双手于胸前紧握彗柄。柄细长高过人头,彗如盖罩于头顶上方。人物细部线描漫漶不清。

下部在长方格内刻一翼龙,扬角甩尾,面向左上方奔走。右刻一玄武,与左边柱石上玄武同,方向向上。中间刻一羽人,与左边柱石上羽人同。龙和玄武与左边柱石上图像方向相异,是根据有限的空间合理利用的结果,如此安排,物像比例得当,布局均衡,反映出画工作画的灵活性(彩版五九,4)。

4. 左门扉石

编号 M3:1-4(图一○九、一一○;彩版六○,1)。仅见石下部残块:残纵52、横47、厚

0 ____ 10厘米

图一○九 M3墓门左门扉石(拓本)

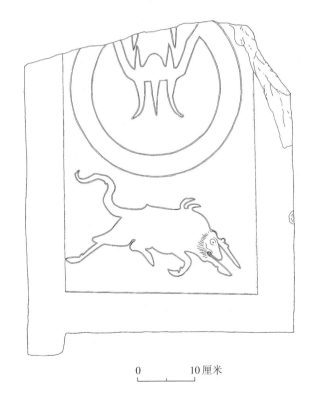

0 ____ 10厘米

图一一○ M3墓门左门扉石(线摹本)

5~6.5厘米。下门枢长4、宽6.5厘米。

画面残纵45、横33.5厘米。

上部为铺首暴齿衔环下半部图像，环径3.5厘米。下部刻一灰兕，面右奋力而抵。灰兕怒目圆睁，长角前伸，背生双翼，长尾高甩，左后腿强劲有力向后猛蹬。眼睛、鼻、耳及颈部披毛等以墨

图一一一　M3墓门右门扉石（拓本）

图一一二　M3墓门右门扉石（线摹本）

线勾画表现。

5. 右门扉石

编号 M3：1-5（图一一一、一一二；彩版六〇，2）。石纵 103.5、横 47、厚 4.5 厘米。已成数块，上门枢长 9.5、宽 7 厘米，下门枢长 3、宽 7 厘米。

由残存的四石块拼接形成大部分图案。画面纵 92、横 32.5 厘米。上部刻朱雀昂首左视，顶翎前扬，尾羽呈四枝翘起，一爪高抬，双翅扇动，翩然欲飞；中部刻铺首，桃形角，尖耳竖立，方眼瞪视，暴齿衔环；下部刻与左门扉石相对的灰凹图，仅存尾和后腿部分。

（二）前室顶部

顶心石装置于前室顶中央，面内俯瞰墓室。

编号 M3：3（图一一三、一一四；彩版六〇，3）。方形，边长 23.5、厚 12.5 厘米。

画面纵 19.5、横 19.5 厘米。

画面中央刻一圆，涂红彩，内画金乌，涂黑彩。柿蒂纹四出圆外指向方形画面四角，边缘轮廓朱色勾画，叶脉红彩点染。图案寓意金乌居日、红光照耀的吉祥征兆。

（三）前室北壁

横楣石和左、右边柱石组合成"∏"形结构装饰墓北壁（图一一五）。

1. 横楣石

编号 M3：2-1（图一一六、一一七；彩版六一）。石纵 35.5、横 300、厚 7.5 厘米。断为两截。左上角残为圆弧形，右下边缘伤残。石面上有径 3 厘米的圆形褐色石疵。

画面纵 32.5、横 263.5 厘米。物像多处隐约可见大面积涂抹朱砂，尤以动物口舌、龙口中含丹等部位较为清晰。画面内容分为上、下两栏。

上栏左右角上分别浮雕一圆，为日月轮。右圆涂朱，当为日轮，则左圆为月轮。月轮下方刻一虎，伸颈甩尾，健步向右行走，虎尾与月轮相连（图一一八；彩版六二，1）。日轮下方为边饰，由内外两组竖列图案组成。内为藤蔓，下端刻一深目高鼻、戴尖顶高帽的胡人，张嘴弯腰隆背，屈膝倒跪于马背上。马尾上扬，幻化出一龙头与日轮相接。外为枝柯纹。下端的空隙处填一鸟，长喙长尾，静卧歇息，神态宁静（图一一九；彩版六二，2）。

日月轮间刻绘的花纹繁杂多样，令人眼花缭乱。以五组相互勾连的卷云蔓草纹饰为主。每组大致相同，云端上皆有一长独角前弯、背生冀的瑞兽，张口露利齿，面目狰狞，低首躬背，前足腾空面左作走姿。云头幻化出张口扬角的龙首，云絮间填刻奔跑的小兽。左起第一组为上下颠倒刻出（彩版六二，3）。在画面中部云絮之间刻一翼龙，气势轩昂，向左奔走（彩版六二，4）。画面右端有一体态笨拙、扭头面左的龙，龙角肥硕夸张，龙尾化作四枝飘绕的云絮和一条小龙（彩版六二，5）。上栏主纹饰下方填龙、凤、犬等兽头补白（图一二〇）。

下栏为车骑出行狩猎图。画面中间刻一轺车，车内御者和乘者均戴进贤冠，驾车的马张嘴翘尾，

0　　　　　5厘米

图一一三　M3前室顶心石（拓本）

0　　　4厘米

图一一四　M3前室顶心石（线摹本）

图一一五 M3 前室北壁画像石组合图（拓本）

0   20厘米

图一六　M3前室北壁横楣石（拓本）

20厘米

图一七　M3前室北壁横楣石（线摹本）

20厘米

图一一八　M3前室北壁横楣石左端月轮（拓本）　　　图一一九　M3前室北壁横楣石右端日轮（拓本）

面左腾足奔跑。轺车前有二戴进贤冠之人骑马作导，后从一护卫骑吏，亦戴进贤冠，骑马执策。在出行队伍的前方刻画紧张激烈的射猎场面。画面左端一马面左狂奔，骑手倒坐马背，抬首躬背，双臂前伸，双手紧握呈用力扯拉之态。马后一巨鹰擒获一小兽，兽睡地，鹰低首翘翅，两只粗壮的爪子牢牢踏住兽身首，尖长喙猛啄兽首。随后有二骑手戴帻，穿长襦衣，身跨骏马，张弓引弦，用力射杀群鹿。马四蹄腾空疾奔。二马之间刻一鹿回首奔跑。左边的骑前刻二鹿相随飞奔逃窜，一鹿回首面右（彩版六二，6）。出行队伍之后刻划一羽人头戴鹖冠，身披络绮，右手持灵芝仙草向右弓步作持献状。羽人前二桃拔伞形独角，双耳外挺，昂首翘尾，神采奕奕，抬足相背而行。画面右端刻一身体健壮的翼龙，口中含丹，抬首目视前方，双角后扬，尾上翘至画面外，腿足壮实有力，面左行进。翼龙正欲将朱丹赐予面前的神兽。兽低首张嘴，头上生角，毛发张扬，长尾向后翘起，屈膝蹲跪，呈伸臂欲接之姿（彩版六二，7）。翼龙下方刻一朝左静站的小山羊，羊角弯曲连至脑后，模样娇憨可爱。在下栏画面的上方空白处填静立的长尾鸟和轻灵飞翔的鸟雀。

1

2

图一二〇　M3前室北壁横镶楣石上栏（拓本）

1. 左　2. 右

2. 左边柱石

编号 M3：2-2（图一二一、一二二；彩版六三，1）。石纵 134.5、横 59、厚 5~7.5 厘米。上窄下宽。画面纵 103、横 39.5 厘米。上图窄下图宽。

画面分为上、下两部分。上部左栏的枝柯纹和藤蔓纹与横楣石右端的边饰图案相同，其间穿插

图一二一　M3 前室北壁左边柱石（拓本）

图一二二　M3 前室北壁左边柱石（线摹本）

0　　　　　20厘米

图一二三　M3前室北壁右边柱石（拓本）

0　　10厘米

图一二四　M3前室北壁右边柱石（线摹本）

龙首和飞禽走兽等，之下刻二文吏，面右并排站立，头戴进贤冠，身穿宽袖长袍，双手举笏板置于面前，像在迎候尊贵的宾客。右栏分为上、下两格。上格刻西王母戴胜，冠尖角王冠，坐于悬圃上，二侍者举臂手承络缨立侍左右。悬圃下神树左侧刻羽人，左脚踩在树干上，左手紧拽树枝，挥右臂抬右腿。一兽探出树身扭头回望羽人，树底一鹿面左作奔跑状。下格刻戴武弁、穿宽袖长袍的门吏，挂剑执笏，面右恭立，身形体态与墓门左门柱石上的门吏极为相似，剑首下方袍服外也露出细长弯钩状饰物。

下部画面长而窄，刻一轺车盖如鳖甲，车舆前戴帽御者牵辔举策，专心引驾，驾马面右疾速奔跑。轺车后刻一从骑，戴进贤冠，身体略前倾，持缰稳坐马背。马昂首甩尾，扬蹄奔跑。

3. 右边柱石

编号 M3：2-3。石纵 143、横 59、厚 7 厘米。左上部残缺，底部石面不平整。

画面纵 110.5、横 33.5 厘米。上图宽下图窄（图一二三、一二四；彩版六三，2）。

画面与左边柱石相对布置。上部右栏为边饰，和左边柱石上图案一致，与横楣石右端纹饰相接。左栏上格缺。下格刻戴平上帻、穿长袍的门吏，双手拥彗，面左恭立。下部长方框内刻一辇车，前坐御者。车轮仅减地阴刻出一个三角形条幅间隙，其余大概以墨线画出，但已不辨。备乘之马膘肥健壮，面左静立。

肆 结 语

一 墓葬

2005 年发掘的 3 座画像石墓位于米脂官庄的大官庄，这是一处东汉墓葬分布相对集中的区域。发掘的三座墓中 M1 为砖室墓，M2、M3 为石室墓，由这两种不同材质建造的墓葬形式，也是迄今为止陕北地区构建东汉画像石墓的类型。

从已有的资料来看，无定河流域发现的画像石墓大多为石室墓，如米脂、绥德境内发掘的 18 座墓中仅二例为砖筑，其余均为石砌。这是因为建造墓葬所用的石材均采自当地，绥德、米脂一带丰富的石资源为墓葬的营建提供了极其便利的条件。石室墓用仿砖形的石料砌筑，从墓室内侧看，壁面如同砖筑，这种做法应当是因循固有的传统建筑模式同时又得到天然资源的启发而为之的。1996~1998 年神木大保当发掘的画像石墓全部为砖筑，且仅在墓门处安装一组画像石，这同样说明墓葬的建造受自然环境的制约，因为那里附近基本见不到石材的分布，毕竟从外地大批引进石材建造墓葬应该是一件非常困难的事情。砌筑 M1 的青砖一面拍印着绳纹，铺地时有绳纹的一面向上，能对墓室本身起到一定的装饰作用。绳纹砖在神木大保当汉墓 96SDM6、96SDM8、98SDM2[①]和 2002 年发掘的绥德辛店乡郝家沟村画像石墓[②]均有发现，作用应该是相同的。

此次发掘的 3 座东汉墓葬均由墓道、封门、墓门、甬道、前室、后室及前后室之间的过洞等部分构成。其中的 M2 规格最高，在前室东西两壁还另辟耳室。三座墓葬的画像石均镶嵌于墓门和墓室的壁面上，不仅具有良好的装饰效果，同时也是东汉重视丧葬礼仪的具体反映。画像石墓葬中画像石的数量多寡受诸多条件的限制，既与墓主人生前的社会地位等级有关，也和墓主人家庭的经济状况息息相关，还与当地丧葬习俗和墓主人生前对地下世界的精神追求有关。M3 在墓门和前室北壁、前室顶部中间的位置共安装 9 块画像石；M1 在墓门和前室南、北壁的位置安装 3 组画像石，共13 块；M2 在墓门、前室四壁和后室南、北壁的位置安装 7 组画像石，共 21 块。从发现于 M2 的铭文可以看出，M2 丧主是官至属国都尉府丞和并州从事的地方显贵，社会地位较高。

① 陕西省考古研究所、榆林市文物管理委员会办公室编著：《神木大保当——汉代城址与墓葬考古报告》，科学出版社，2001 年。
② 榆林市文管会、绥德县博物馆：《绥德县辛店乡郝家沟村汉画像石墓清理简报》，中国汉画学会、北京大学汉画研究所编《中国汉画研究》第二卷，广西师范大学出版社，2006 年。

这三座墓葬此前均遭数次盗扰，墓室中棺椁和人骨基本无存，多数随葬品也不知所向，存留下来的随葬品其位置也发生了严重位移，所以关于葬制及随葬品的相关情况已无法全面了解。但残留的随葬品或多或少地可以反馈出一些关于葬俗和时代的信息，像M1在墓道放置陶罐，神木大保当大部分墓葬均发现类似情况①，这应该是当地以及周边地带的一种丧葬习俗。在M2、M3中用牲祭祀的现象非常明显，M2在后室中随葬有完整的羊和鹿，且与前室南壁画像石中的"羊"、"鹿"图像相互照应，借此表达着相同的意愿，即为墓主人及其子孙后代祈求吉祥福禄。在M3填土中发现大量草原动物的骨头，如牛、马等动物的肢骨、肩胛骨、下颌骨等，这些动物遗骨说明该地在东汉时期非常流行以血食为牺牲祭祀的方式。神木大保当部分墓葬中在墓门外发现狗獾、羊、鹿等动物骨头②，同样也是杀殉风俗的体现。有学者认为，杀殉习俗是羌人和匈奴人的遗风，是当时游牧民族经济生活的反映，看来地处长城地带汉族和匈奴族接壤环境的汉族墓葬，也深受这种风俗的熏染。

M2中画像石上所刻铭文为确定墓葬时代提供了重要资料。在本报告的第叁部分中，我们根据M2前室南壁横楣石和北壁中柱石上的铭文判断墓葬的年代为东汉安帝时期。M1中出土的五铢钱与M2中的五铢钱在钱型和字体上基本相同，所以M1、M2年代应该相距不远。虽然M3的画像石内容与M1、M2没有太多相似之处，但与1984年绥德黄家塔一号墓出土的部分画像石内容完全相同③，如M3前室北壁边柱石的西王母和门吏图与黄家塔一号墓门柱石内栏图像内容几乎完全一致，M3前室北壁横楣石的边饰与黄家塔一号墓墓门横楣石的边饰雷同，说明作画使用的是同一底样或同一模板，更有可能是作品出自同一画工之手或师承同一画师之风。根据黄家塔六号墓的纪年刻石（107年），可以判断出黄家塔画像石墓群中部分墓葬是公元100年左右建造的④，那么，同一墓群的一号墓其建造年代为东汉中晚期应该问题不大，此次发掘的官庄墓地中M3的时代应该和黄家塔一号墓的时代相近，同为东汉中晚期。M2铭文内容涉及并州、西河、太原、平周、寿贵等地理名称，大将军、属国都尉、从事、掾、府丞等职官名称，是研究汉代的政区地理、官制等的新资料。

关于陕北画像石墓的流行时间，目前学界已经达成共识，即东汉和帝永元二年（90年）至顺帝永和五年（140年）前后，前后大约流行50多年的时间。这是由东汉时期陕北地区的社会、政治和环境等多方面因素决定的。东汉初期，匈奴族不断侵扰汉朝边境，陕北所属的边郡（上郡、西河郡）一带战事频仍。和帝永元元年（89年），车骑将军窦宪等与南单于率众大破北匈奴，匈奴二十余万人降汉。这一战事之后北部边地基本安定下来，当地百姓的生产生活和社会经济得到发展，陕北地区画像石墓就是在这种社会背景下发生、发展的。安帝永和五年（140年），南匈奴叛乱后，汉政府被

① 陕西省考古研究所、榆林市文物管理委员会办公室编著：《神木大保当——汉代城址与墓葬考古报告》，第112页，科学出版社，2001年。
② 陕西省考古研究所、榆林市文物管理委员会办公室编著：《神木大保当——汉代城址与墓葬考古报告》，第112页，科学出版社，2001年。
③ 李林、康兰英、赵力光：《陕北汉代画像石》，第113页，陕西人民出版社，1995年。
④ 戴应新、魏遂志：《陕西绥德黄家塔东汉画像石墓群发掘简报》，《考古与文物》1988年第5、6期。

迫徙西河郡治于离石、上郡治于夏阳①，两郡原有辖地沦为匈奴势力范围。陕北画像石墓正是在这样特殊的社会背景下迅速在上层社会流行，也因之在不到100年的时间便结束了其短暂灿烂的历史。

官庄附近2005年以及历年来发现的画像石墓一共有11座，是一处典型的东汉中晚期画像石墓葬群。除M2发现"木"姓铭文外，另有几处"牛"姓墓中也有铭文刻石，如"永初元年九月十六日牛文明千万岁室长利子孙"的牛文明墓、"永和四年九月十日癸酉河内山阳尉西河寿贵里牛季平造作千万岁室宅"的牛季平墓和"牛君"墓。由以上可以看出，牛姓是当时平周县寿贵里的望族。此次发掘的M2丧主为木姓，也是官宦之家，其家族同葬于无定河畔。

二　画像石

陕北画像石只流行于东汉中晚期，所以在特定的地域内，其制作工艺和内容题材方面的共性是非常明显的。2005年米脂官庄出土的画像石表现出以下特点。

（一）制作工艺

汉代画像石的制作工序大致可分为六道：一是由丧主或死者家属雇请"名工"或"良匠"担任画像石建筑的设计和建造任务；二是由雇请的画像石制作工匠到附近的山上挑选、开采石料；三是由石匠根据建筑设计图对选采的石料进行再加工，使石料变成符合设计要求的建筑构件；四是由被称为"画师"的画工在磨制平滑的石面上，用毛笔绘出墨线画像的底稿；五是由石工按照画师绘制好的图像墨线底稿，用凿、錾等工具刻出图像，使其具有凹凸的立体效果；六是由画师对石面上刻好的画像施彩着色，使之具有与帛画和墓室壁画同样的色彩效果②。

官庄画像石的石材均就地取材，为当地的砂岩，色呈青灰或略泛土色，质地较硬。根据墓葬形制所需，画像石一般以长条形组合装饰墓门和墓室，但M2前室的南、东、西三壁组合形式较为特别，即横楣石的两端部分与门柱石由一块整石加工成矩尺形，这在已发现的陕北画像石中仅见，这样的制作形式在山东沂南北寨村画像石墓中曾有发现。然而无论采取哪种形式，一组画像石的组合及画像内容，都反映出一个重要特点，即左右对称性。

画像石上刻绘图像的一面被打磨得平整光滑，然后由画工使用墨斗一类的工具放线构图，如M1墓门右门柱石、M2前室北壁中柱石上依然可见清晰的墨线框格。所有物像均用墨线先勾画出底样，M1墓门横楣石、M2后室北壁左竖石、M3顶心石等残留的痕迹特别清楚。凿刻图像时一律采用平面减地浅浮雕的方法，M2铭文以阴线刻就。

画像石上所表述的物像全部着彩描绘，分为单彩和多彩两种情况。

单彩指用墨笔以绘画的形式创作完成，如人物的五官、冠饰、衣纹皱褶等细部，动物身体的各

---

① 《后汉书·南匈奴列传》。
② 信立祥：《汉代画像石综合研究》，文物出版社，2000年。

部，如眼、耳、口、麟羽等，车马及各部件，树木枝条、花草茎脉，卷云纹样等等。M1画像石全部以单彩表现，其中墓门的横楣石、墓门右门扉石、前室南壁左、右门柱石、前室北壁横楣石均保存较好。M2的墓门、后室南北壁画像石等也仅施墨彩，墓门横楣石、墓门左门柱石、后室北壁左竖石上的画像色彩保存最好，人物画像表现得尤为突出。

多彩分两种情况。一种为红、黑两彩，像M2前室南壁横楣石人物的衣着和铭文均涂染朱砂，M3墓门横楣石和前室北壁横楣石上的马眼、舌、尾及鸟喙等局部施朱彩来表现。另一种饰彩方式为多彩的形式，如M2前室东、西壁的左、右门柱石上绶带穿璧图像上所施的红、白、粉、天蓝、蓝、黄、赭、黑彩，保存极好，图像清晰艳丽，非常难得。

（二）内容题材

画像石的内容题材可以概括为以下两个方面：

1. 神话故事和祥瑞图案

西王母、东王公　共发现17例。各墓均有发现，一般刻于门柱石和边柱石画像的悬圃顶上，成对出现，惟M2后室南壁横楣石上仅西王母一例。西王母是古代神话传说中的女神，有关记述最早见于《山海经》。最初的西王母是一个人面蓬发戴胜、虎齿豹尾的半人半兽神，M2和M3墓门门柱石上的形象与其较为接近。在汉代人的心目中，西王母是无所不能的救护女神，所以到后期，她的形象完全脱胎变成一个仪容端庄甚至雍容华贵的中年妇女形象，如M1前室北壁边柱石和M2前室西壁门柱石上的西王母即和普通的妇女一样头梳分髻髻。东王公是汉代人从对偶的观念出发，给西王母安排的一个配偶，所以其形象出现较晚。

悬圃　共发现16例。悬圃是传说中昆仑山的名称，陕北画像石中多作树形，为西王母和东王公的栖居之所。《淮南子·坠形训》曰："昆仑之丘，或上倍之，是谓凉风之山，登之而不死。或上倍之，是谓悬圃，登之乃灵，能使风雨。或上倍之，乃维上天，登之乃神，是谓太帝之居。"可见，悬圃是人们想象中得道成仙的必经之途。

羽人　共发现11例，多伴随西王母、东王公一同出现。有的身披络绮、手执芝草，如M3墓门门柱石上的画像；有的戴鹤冠，共发现7例，如M1前室北壁右边柱石、M2后室南壁横楣石、M3墓门门柱石；有的为仙人敬送食物。羽人也称"飞仙"，身体轻灵、自由遨游是其特点，王充《论衡·无形篇》中云："图仙人之形，体生毛，臂变为翼，行于云。则年增矣，千岁不死。"但任何想象终究脱离不了现实，所以此次发现的多数羽人都戴有和凡人一样的鹤冠。

玉兔捣药　发现3例，伴随西王母、东王公出现。M2墓门左门柱石和前室北壁左边柱石上的玉兔正在捣药，前室东壁右门柱石上的玉兔则将捣好的药敬送给西王母。传说西王母有两只玉兔，专捣长生不死之药，汉《乐府歌诗》中记："采取神药山之瑞，白兔捣成虾蟆丸，奉上陛下一玉柈"。玉兔捣药和仙狐、仙鹿等都是西王母身边常见的图像。

桃拔　发现7例，有刻在"悬圃"周围的，如M3墓门门柱石上部的图像，下部的桃拔则和羽人、玄武、龙虎刻在一起。《汉书·西域传》记载："乌弋地暑热莽平，其草木、畜产、五谷、果菜、食饮、宫室、市列、钱货、兵器、金珠之属皆与罽宾同,而有桃拔、师子、犀牛。"《后汉书·班梁列传》:"初,月氏尝助汉击车师有功,是岁贡奉珍宝、符拔、师子,因求汉公主。"颜师古注引孟康曰:"桃拔一名符拔,似鹿,长尾,一角者或为天鹿,两角或为辟邪。"可见,桃拔是由西域进入中原的一种瑞兽。

仙鹿 不计边饰发现11例,多出现在西王母、东王公的居所"悬圃"周围,如M2墓门左门柱石上的画像。鹿在古人心目中是被当作仙兽来看待的,"鹿"同"禄",所以在汉画像石上刻上鹿既是人们对死后升天成仙思想的反映,又是追求福禄生活愿望的写照。

羊 发现2例,M2前室南壁左门柱石上的羊与右门柱石上的鹿相对,M3前室北壁横楣石上刻一只小羊。"羊"字古代多作"祥",刘熙《释名·释车》:"羊,祥也。祥,善也。"将羊的形象刻绘于画像石上,也是人们期望生活吉祥如意愿望的反映,它往往和鹿左右对称、成对出现,已发现的官庄画像石中另有两组这样的图像。

鹳鸟衔鱼 发现1例,见于M2前室东壁右门柱石。鹳是一种大型涉禽,主食鱼。把鹳鸟衔鱼图与西王母和祥瑞对象刻在一起,可能喻义人们对生殖繁衍、部族兴旺的强烈愿望。

嘉禾、灵芝 部分与西王母、神鹿、羽人等刻画在一起,部分填刻于画像石的边饰间,它们都是祥瑞图像的代表。

四神 也称"四灵",包括青龙、白虎、朱雀、玄武四种动物。《礼记·曲礼》:"前朱雀,后玄武,左青龙,右白虎。"画像石上刻绘"四神",除了驱除邪恶不祥外,还有表示方位的作用。《三辅黄图》:"苍龙、白虎、朱雀、玄武,天之四灵,以正四方。"

青龙 除在画像石边饰中发现的60余例外,另外发现26例,如M1墓门横楣石上的苍龙、M1前室南壁横楣石上的六龙驾车、M3前室北壁横楣石上的五条龙等等。特别是M2前室西壁横楣石将六条姿态各异的巨龙集于一个画面内,在陕北画像石中非常罕见。青龙代表东方,是东方之神。《淮南子·天文训》云:"天神之贵者,莫贵于青龙。"官庄画像石发现如此多的龙,反映出当时人们对龙极度崇拜的思想意识。

白虎 发现6例,见于M1前室南壁和M3前室北壁横楣石。白虎是"四神"中的西方之神,性情勇猛,古人誉为"山兽之神"。画像石上刻白虎意在辟除邪恶,追求祥瑞。

朱雀 发现11例,6例见于三座墓的墓门门扉石画像中,5例见于M1墓门横楣石、M2前室东壁横楣石、M3后室南壁和北壁画像石上,均与祥瑞对象在一起组合。朱雀是"四神"中的南方之神。沈括《梦溪笔谈》曰:"朱雀,或谓鸟朱者,或谓之长离,或云鸟即凤也。"《楚辞·惜誓》云:"飞朱鸟使先驱兮。"王逸注曰:"朱雀神鸟,为我先导。"M2前室东壁横楣石上的朱雀似乎就是西王母护卫队的先导。

玄武 发现2例,位于M3墓门左、右门柱石上。玄武是龟和蛇的合体,为"四神"中的北方之神。陕北画像石发现的玄武大多出现在墓门门扉石的下部。

铺首衔环、铺首 铺首衔环图像是陕北画像石墓墓门门扉石上通用的图案。铺首并非实指某种动物,而是一种抽象化的艺术概括,它具有威武勇猛的特点,对地下阴宅起着防御除凶的作用。M2

前室东、西壁的右门柱石上有两例铺首图，应该也是祈求安祥意愿的表达。

灰兕　有人称为"獬豸"。发现6例，均位于墓门门扉石铺首衔环图下方。《尔雅·释兽》云："兕，似牛。"郭璞注曰："一角，青色，重千斤。"《论衡》校释卷引《国语》韦注："兕似牛而青，善触人。"墓门上刻灰兕应该与铺首衔环意图一样，也是希望以此来保护地下阴室。

大象　M2后室北壁画像石上有1例。大象是外族进贡汉朝的一种珍贵动物。

骆驼　发现1例，与大象同刻于M2后室北壁绶带穿璧图像中。《后汉书·西域传》记载："东离国居沙奇城，在天竺东南三千余里，大国也。其土气、物类与天竺同。列城数十，皆称王。大月氏伐之，遂臣服焉。男女皆长八尺，而怯弱。乘象、骆驼，往来邻国。"骆驼和大象都是西域国的交通工具，它们进入汉朝后被视为珍奇动物。

大鸟　发现4例，其中之一刻于M1墓门横楣石上，另3例凿刻在M2前室南壁门柱石画像的云海当中。《史记·大宛列传》《正义》引《汉书》云："条支出师子、犀牛、孔雀、大雀，其卵如瓮。和帝永元十三年，安息王满屈献师子、大鸟，世谓之'安息雀'。"引郭义恭《广志》云："鸟，鸵鹰身，蹄骆，色苍，举头八九尺，张翅丈余，食大麦，卵大如瓮。"《汉书·张骞李广列传》："而大宛诸国发使随汉使来，观汉广大，以大鸟卵及犂轩眩人献于汉，天子大说。"据此，画像石上的大鸟可能就是史书中记的"安息雀"，它出现于西域诸国，因西夷朝贡进入到汉地，人们认为它是一种吉祥鸟。

独角瑞兽　共发现6例，1例刻于M1墓门横楣石上，5例刻于M3前室北壁横楣石上栏的卷云纹间。从外形看，二石上的独角兽似乎为同种动物，现无法确定其名，但可以肯定的是，汉代人认为它们能辟除邪恶，带来好运。

金乌　1例，见于M3前室的顶心石上。此金乌以黑彩涂染，位于朱色圆圈内，象征日精。《后汉书·天文志》注引张衡《灵宪》曰："日者，阳精之宗，积而成鸟。象乌而三趾。"M3前室北壁横楣石两端刻日月轮，由于图像漫漶不清，其内是否绘有日中金乌和月中蟾蜍已不可知。

翼龙赐丹　发现1例，见于M3前室北壁横楣石上，画面中一条威风的翼龙正要将口中的朱丹赐予面前的神兽。传说仙丹是仙人吃的灵药，具有长生不老之功效。陕西历史博物馆收藏的一块画像石上即刻有非常相像的翼龙赐丹图[①]。

仙人出游　M1前室南壁横楣石上刻画有六位仙人分别乘坐由三兔、三鲸、三马、三虎、六龙、三鹤系驾的云车出游，M2后室南壁横楣石右半部上刻有二位仙人乘坐由三马和三鲸系驾的云车赶赴西王母宴享的场景。仙人乘云车显示了仙界的自由与浪漫，云车由天地精灵牵驾则更加衬托出天国的神奇和美妙，这是汉代人们对死后升天成仙美梦无限遐想的直观反映。

2. 表现世俗生活的题材

有关世俗生活的题材有车马出行、狩猎、乐舞百戏、门吏、建筑等。

车马出行图　共发现6幅车马出行的画面，分布情况及导从骑吏配置情况见表一：

---

① 《三秦瑰宝——陕西新发现文物精华》，第119页，陕西人民出版社，2001年。

表一   车马出行图统计表

分布情况 \ 车骑数量 \ 车骑类型	导骑	辎车	轺车	辇车	从骑	其他
M1 前室北壁横楣石		10			1	
M2 前室北壁横楣石	10	5			10	
M3 墓门横楣石		2	1		4	队前 2 人迎宾
M3 前室北壁横楣石	2	1			1	队前 3 骑手射猎
M3 墓门左门柱石			1		1	
M3 墓门右门柱石				1		
M2 前室南壁横楣石		8				

车马出行图是陕北画像石常见的题材，"据信立祥先生研究，这种出行图的实质是表示墓主人的灵魂从地下世界赴墓地祠堂去接受祭祀。那么，依古代'以生事死'的丧葬制度，祠主的车骑配置应与其生前的社会等级相适应；等级不同，出行时车骑的种类及数量应有区别。"①《后汉书·舆服志》曰："公以下至二千石，骑吏四人，千石以下至三百石，县长二人，皆带剑，持棨戟为前列，捷弓韬九鞬。"上表中 M2 前室北壁横楣石显示每辆辎车各有导从骑吏 4 人，则丧主应该是地位较高的官吏，这从 M2 中柱石铭文反映的墓主丈夫时任属国都尉府丞之职可得到印证。另外，表中 M2 前室南壁横楣石显示的 8 辆辎车均由二马拉驾，该车马队为等候在庭院外的各郡太守车马，与上述图像表达的意义不同。

狩猎图   发现 2 幅，M2 前室东壁横楣石上刻有五骑手射猎鸟兽的图像，M3 前室北壁横楣石上刻有三骑手张弓引弦射杀群鹿的图像，后者与车马出行场面共存。狩猎图也是陕北画像石常见的题材，这种频繁出现的活动场景是现实生活在丧葬艺术形式上的缩影。神木大保当发现 7 幅狩猎图，研究者认为狩猎活动在当时盛行的原因除了它是王公贵族的一种奢侈娱乐之外，还因为在陕北地区它是边郡练兵的需要和受匈奴人以擒猎为生业生活习俗的影响②。

乐舞百戏   "乐舞主要指女乐歌舞一类，通常多在宫廷、贵族之家演出；百戏则是杂技、武术、幻术、演唱、舞蹈等多种民间技艺的综合串演，以普遍流行的广场艺术为主。"③M2 后室南壁横楣石上，在西王母面前刻画有盛大的乐舞百戏场面，有表演盘鼓舞的，有吹拉弹唱的，有跪地作舞的，有杂耍优人的图像。

门吏图   共发现 13 幅，分布情况及类型见表二：

执戟、拥彗门吏图在陕北画像石中最为常见，它们是汉代迎宾时对尊者的一种仪礼反映。西汉

---

① 陕西省考古研究所、榆林市文物管理委员会办公室编著：《神木大保当——汉代城址与墓葬考古报告》，第 119~120 页，科学出版社，2001 年。

② 陕西省考古研究所、榆林市文物管理委员会办公室编著：《神木大保当——汉代城址与墓葬考古报告》，第 119~120 页，科学出版社，2001 年。

③ 陕西省考古研究所、榆林市文物管理委员会办公室编著：《神木大保当——汉代城址与墓葬考古报告》，第 119~120 页，科学出版社，2001 年。

表二　门吏图统计表

分布情况＼门吏类型	执笏	拥彗	执笏佩剑	执戟	执矛	执矛佩剑
M1 墓门门柱石	√	√				
M2 墓门门柱石		√	√			
M2 前室东壁门柱石				√（牛首人身）	√（鸡首人身）	
M2 前室西壁门柱石			√（熊首人身）			√（兽首人身）
M2 前室北壁横楣石		√				
M3 墓门门柱石		√	√			
M3 前室北壁边柱石		√	√			

中期以后，佩剑成为礼仪性的服饰装饰，从上表略可窥见当时的风俗。M2 前室东、西壁门柱石上的门吏分别为牛首、鸡首、兽首、熊首人身像，它们表示的意义目前还不明确，可资参考的是陕北画像石中曾多次发现把西王母和东王公刻成牛首和鸡首形象。

建筑图　发现 3 幅，见于 M2 前室南壁和北壁横楣石上，均为简单的院落式建筑。三幅图分别以透视手法在院内刻出一间堂屋，当为汉代一般民居的一部分。

胡人图　在 M3 前室北壁横楣石右端发现 1 人倒骑于马背上，其人深目高鼻、戴尖顶高帽，具有明显的胡人面貌和装扮特征。胡人图反映出汉朝边地与北方少数民族之间交融杂处的社会局面。

（三）艺术成就

画像石，顾名思义为石头上的画像，可见，"画"是一件艺术作品成就高低的关键。

从米脂官庄画像石作画的形式和内容题材上可以看出，这批画像石具有以下五个方面的艺术特点。

一是画面的连续性和完整性。一组画像石，就是一幅完整的画，横楣石和左、右门（边）柱石的边饰往往衔接紧密，不可分割，在内外边饰间限定的画面内完成所要表现的内容。如 M2 所有画像石外边饰均为窃曲龙凤纹，对于一个墓葬，它具有一致性；对于一组画像石，它反映的上述特征是显而易见的。M2 后室北壁左、右竖石上的画像则好比一幅完整的图画裁割成两半。

二是主画面内容相对独立，门（边）柱石上的画像遵循左右对称原则。横楣石或以祥瑞对象为题材，如 M1 墓门横楣石就以珍禽瑞兽为内容；或以世俗生活为素材渲染一个宏大的场面，如车马出行、狩猎等。门（边）柱石的题材内容一般与横楣石无关，常常分几栏或几格刻绘西王母（东王公）、门吏、祥瑞对象及与世俗生活有关的情景。左右图像呈对称性布局，甚至有些画像是用一个模板正反使用的结果。这些画像内容从不同角度、多个侧面折射出汉人的现实生活和精神世界。

三是浪漫手法与生活情趣相结合。神话传说和祥瑞对象是这批画像石的主要题材，画师凭借丰富的想象力创造出一个个极具浪漫主义风格的神仙世界。M1 前室南壁的画像石、M2 后室南壁横楣石上的画像等都是典型代表。在力求表现祥瑞的同时，又添加一些生活情趣浓厚的场景，这样就大大缩短了理想与现实之间的距离，似乎一切都天经地义、顺理成章，因而显得亲切自然。鹰、兔、鸟等等都是可以在生活中捕捉到的影子，它们使画面充满生机，动感十足。

四是画面填白丰富，烘托热闹祥和的场景。为了更好地表达画像石的主题，画面的空白处常常添缀一些灵禽异兽、仙人瑞草，如 M2、M3 画像石的边饰图案中隐现了大量龙首和飞跑的小兽，M2 墓门横楣石人物上方以飞鸟填白，为营造祥和的艺术氛围起到很好的补充效应，也从一个侧面反映出画工的聪明才智。

五是物像细部描绘细致突出。这批画像石均采用浅浮雕的技法凿刻，细部敷彩表现，彩色描绘细致是一个显著的特点。像 M1 墓门横楣石动物的各个部位如眼、耳、嘴、麟、羽等都绘画得非常详细，每个形象都栩栩如生。M2 墓门横楣石和后室北壁竖石上人物的五官、服装等刻划细致入微，表情神态一目了然，画像堪称一幅经典的人物绘画作品。M2 前室东壁门柱石上的主画面为绶带穿璧图，绶带以紧密排列的赭色菱形块装饰，蓝色圆璧上饰鹅黄色谷纹，隔棱上用红、白、蓝三色画出四十二个三角形。画像石上如此以多种彩色颜料绘画是极少见到的，也能看出画工对色彩的协调处理水平。

官庄发现的这批画像石无论从雕刻技艺还是从绘画水平看，都表明此阶段画像石艺术在陕北地区已进入一个相当成熟的时期。传统的画像模式和自身独具特色的艺术形式，以及丰富的思想内涵，为探索陕北画像石的渊源和承传关系，为研究汉代边郡地区的社会、文化艺术、宗教信仰等提供了弥足珍贵的实物资料。

附表一　墓葬登记表

编号	形制	方向	墓道	封门	墓门	甬道	墓室	随葬品	备注
M1	前后室砖结构,平面呈"凸"字形,四角攒尖墓顶	350°	长斜坡状,长10.2、宽1.6~2.1米,坡度21°	一道,高1.23、宽0.69米	高1.76、宽1.95米。石质,由门梁石、门楣石、门柱石、门扉石、门限石组成,除门梁石、门限石外其余刻绘画像	拱券式,宽1.04、进深1.06、高1.48米	由前室、过洞、后室组成。前室正方形,边长2.82、通高3.14米;过洞宽1.82、进深0.65、高1.1米;后室长2.32、宽1.82、残高约2.1米	陶罐1、铜钱4	盗扰
M2	前后室石结构,带有耳室,四角攒尖墓顶	346°	长斜坡状,长9.1、宽1.8~2米,坡度27°	两道,第一道高1.32、宽1.25米;第二道高1.33、宽0.94米	高1.57、宽1.91米。石质,由门梁石、门楣石、门柱石、门扉石、门限石组成,除门梁石、门限石外其余刻绘画像	平顶洞式,宽1.0、进深0.84、高1.1米	由前室、耳室、前后室间的过洞、后室组成。前室进深2.8、宽2.74、高约2.9米;东耳室宽0.94、进深1.5、高1.64米;西耳室宽0.93、进深1.57、高1.73米;过洞宽1.84、进深0.54、高1.04米;后室进深2.6、宽1.78~1.84、高2.24米	漆案1、陶耳杯1、陶盘1、陶碗1、漆盒1、铜镜1、铜环1、铜饰件1、铜箍12、铁环1、铁刀1、铁锤1、铁斧1、琉璃耳珰2、骨珠串饰1、铜钱28	盗扰
M3	前后室石结构,平面呈"凸"字形,四角攒尖墓顶	252°	长斜坡状,长18、宽1.6~2米,坡度13°	一道,高1.5、宽1.6米	高1.76、宽1.82米。石质,由门梁石、门楣石、门柱石、门扉石、门限石组成,除门梁石、门限石外其余刻绘画像	平顶洞式,宽0.98、进深0.72、高1.06米	由前室、过洞、后室组成。前室正方形,边长2.98、高2.68米;过洞宽1.8~1.84、进深0.6、高0.94米;后室进深2.9、宽1.84~1.94、高2.08米	石磨棒1、石研磨器1、石饼2	盗扰

附表二　画像石登记表

墓号	编号	名称	规格（厘米）	画像石内容	保存状况	雕刻方法	彩绘	图号	彩版号
M1	M1：1-1	墓门横楣石	纵35、横195、厚6.5	画面分为上下两栏，上栏为云气带边饰，下栏刻朱雀、鹿、苍龙等五珍禽瑞兽	断为两截	平面减地浅浮雕	黑彩清晰	二二、二三	一三
	M1：1-2	墓门左门柱石	纵127、横35、厚5.5~6.5	两栏，外栏为勾连云纹，内栏上幅刻西王母高踞神树之巅船形座上，下幅刻执笏门吏	完好	平面减地浅浮雕	黑彩	二四、二五	一四，1
	M1：1-3	墓门右门柱石	纵142、横36、厚5~6.5	与左门柱石相对，外栏为勾连云纹，内栏上幅刻与西王母相对的东王公，下幅为拥彗门吏	完好	平面减地浅浮雕	黑彩	二六、二七	一四，2
	M1：1-4	墓门左门扉石	纵112.5、横49.5、厚3.5	上朱雀，下铺首衔环	完好	平面减地浅浮雕	黑彩	二八、二九	一五，1
	M1：1-5	墓门右门扉石	纵113、横49、厚4	构图、内容与左门扉石一致	完好	平面减地浅浮雕	黑彩清晰	三〇、三一	一五，2；一六
	M1：2-1	前室南壁横楣石	纵35.5、横336、厚7	画面分为上下两栏，上栏刻卷云蔓草纹，填二龙点缀，下栏刻仙人出游图，分别由三兔、二鲸、三马、三虎、六龙、三鹤驾云车	断为三截	平面减地浅浮雕	黑彩	三三、三四	一七、一八
	M1：2-2	前室南壁左门柱石	纵133.5、横35.5、厚6.5~7	横向布局，分为上下两栏，上栏刻柳树、飞鸟、卷草纹，下栏由三组祥云组成，中添神异	上边缘伤残	平面减地浅浮雕	黑彩清晰	三五、三六	一九，1
	M1：2-3	前室南壁右门柱石	纵127、横35.5、厚6.5	与左门柱相对，内容基本一致，只是在祥云间填刻三龙	上边缘一处伤残	平面减地浅浮雕	黑彩清晰	三七、三八	一九，2
	M1：2-4	前室南壁左边柱石	纵127、横23.5、厚6.5	刻卷云蔓草纹，填鸟点缀	边棱磕碰	平面减地浅浮雕		三九、四〇	二〇，1
	M1：2-5	前室南壁右边柱石	纵135、横23.5、厚6.5	构图、内容与左边柱基本一致	完好	平面减地浅浮雕		四一、四二	二〇，2

墓号	编号	名称	规格（厘米）	画像石内容	保存状况	雕刻方法	彩绘	图号	彩版号
M1	M1：3-1	前室北壁横楣石	纵36.5、横301.5、厚7	画面分为上下两栏，上栏以卷云蔓草为主，中间穿插龙、鸟，下栏为车骑出行图，共刻十辆辎车，车后跟随一护卫骑	断为四截	平面减地浅浮雕	黑彩	四四、四五	二一、二二
	M1：3-2	前室北壁左边柱石	纵122、横48、厚6~7.5	画面分为左中右三栏，左栏为蔓草卷云纹，中栏上格刻西王母，下格刻一穿璧长柄熏炉，右栏为勾连云纹	上边缘伤残	平面减地浅浮雕	黑彩	四六、四七	二三，1
	M1：3-3	前室北壁右边柱石	纵127、横50、厚5.5~8	画面与左边柱相对布局，内容基本一致，中栏上格是与西王母相对的东王公，面前有羽人持献灵芝	右上角伤残	平面减地浅浮雕	黑彩	四八、四九	二三，2
M2	M2：1-1	墓门横楣石	纵35.5、横190、厚7.5	画面分为上下两栏，上栏为窈曲龙凤纹，下栏刻画八位官员和六位文职小吏	完好	平面减地浅浮雕	黑彩清晰	五一、五二	二四、二五
	M2：1-2	墓门左门柱石	纵120.5、横37、厚6.5~7	画面分为内外两栏，外栏与横楣左端图案相接，内栏分四格，前三格刻西王母、佩剑执笏门吏、踞坐文儒，下一格无图像	上边棱残缺	平面减地浅浮雕	黑彩	五三、五四	二六，1；二七
	M2：1-3	墓门右门柱石	纵120.5、横36.5、厚7	画面与左门柱相对布局，外栏与横楣右端图案相接，内栏前三格刻东王公、拥彗门吏、踞坐文儒，下一格无图像	左上角有伤残	平面减地浅浮雕	黑彩	五五、五六	二六，2；二七
	M2：1-4	墓门左门扉石	纵109.5、横49、厚5	上朱雀，下铺首衔环	右边棱有伤残	平面减地浅浮雕	黑彩	五七、五八	二八，1
	M2：1-5	墓门右门扉石	纵109、横49、厚4.5	构图、内容与左门扉一致	残断为两截	平面减地浅浮雕		五九、六○	二八，2
	M2：2-1	前室南壁横楣石	由三石组成，横289.5、纵30~33、厚7~8	画面分为上下两栏，上栏为窈曲龙纹，以鸟兽填白，下栏为"诸郡太守待见传"图，两端庭院的高屋内分别有四位郡太守，中间是等候太守的车马队列	中石断为两截，下边缘伤残	平面减地浅浮雕、阴线刻	红、黑彩	六二~六六、六八、七○	二九、三○
	M2：2-2	前室南壁左门柱石	横103、纵138、厚7~8.5	分为内、中、外三栏，内栏为蔓草纹，外栏为窈曲龙纹，中栏刻一只体肥健壮的羝羊，周围祥云缭绕，上方两只鹍鹏大鸟相伴	边棱磕碰	平面减地浅浮雕	黑彩	六七、六八	三一

墓号	编号	名称	规格（厘米）	画像石内容	保存状况	雕刻方法	彩绘	图号	彩版号
M2	M2：2-3	前室南壁右门柱石	横91、纵132、厚7.5	画面与左门柱相对布置，内、外栏内容相同，中栏分上下两格，上格在云海中填雉鸡、龙、鸟等，下格刻雄健的牡鹿	上部斜向下裂缝	平面减地浅浮雕、阴线刻		六九、七〇	三二
	M2：3-1	前室东壁横楣石	由三石组成，横288、纵30~32.5、厚7~11	画面分为上下两栏，上栏为窃曲龙纹，以鸟兽填白，下栏为骑猎图，共刻五骑，射杀鹿、虎、飞鸟等。石背面描画一女子形象和一男子头像	边缘有伤残	平面减地浅浮雕		七二、七三、七五、七七	三三、三四
	M2：3-2	前室东壁左门柱石	横103、纵142、厚6.5~7	画面分四栏，左起第一栏刻云絮、比翼鸟等；第二栏刻绶带穿璧纹；第三栏分为三格，上格刻东王公，中格刻一牡鹿，下格刻一执戟牛首人身门吏；第四栏刻如意云纹	完好	平面减地浅浮雕	赭、蓝、黄、红、白、天蓝、黑彩	七四、七五	三五、三六
	M2：3-3	前室东壁右门柱石	横98、纵131、厚5.5~10	与左门柱相对布置，画面分四栏，右起第一栏刻云絮、铺首等；第二栏为绶带穿璧纹；第三栏上格刻西王母，中格刻一桃拔，下格为执矛鸡首人身门吏；第四栏为云纹	上部斜断为二	平面减地浅浮雕	赭、蓝、黄、红、白、天蓝、黑彩	七六、七七	三七、三八、三九、
	M2：4-1	前室西壁横楣石	由三石组成，横299、纵30~33.5、厚6.5~7.5	画面分上下两栏，上栏刻窃曲龙纹，空白处填狐、犬、鹿及飞鸟点缀；下栏为龙腾图，刻六条呼啸奔走与兽搏斗的神龙	剥蚀严重	平面减地浅浮雕		七九、八〇、八二、八四	四〇
	M2：4-2	前室西壁左门柱石	横107、纵130.5、厚7.5	与右门柱相对，内容大致相同，第三栏下格对应的是熊首人身佩剑执笏门吏	完好	平面减地浅浮雕	粉、蓝、黄、红、白、天蓝、黑彩	八一、八二	四一、四四
	M2：4-3	前室西壁右门柱石	横107、纵148、厚7	画面分为四栏，右起第一栏刻云絮、铺首等；第二栏为绶带穿璧图；第三栏上格刻西王母，中格刻一只牝鹿，下格刻佩剑执矛的兽首人身门吏；第四栏刻如意云纹	完好	平面减地浅浮雕	粉、蓝、黄、红、白、天蓝、黑彩	八三、八四	四二、四三、四四、
	M2：5-1	前室北壁横楣石	横276、纵33、厚10~12	画面分为上下两栏，上栏为窃曲龙纹，以鸟兽填白，下栏为车骑出行图，共刻五辆轺车，画面右端为一宅院	边缘略有伤残	平面减地浅浮雕		八六、八七	四五、四六
	M2：5-2	前室北壁左边柱石	纵140.5、横50、厚6.5~7.5	与右边柱相对，内、外栏所刻内容相同，中栏上格刻与西王母相对的东王公，下格为熏炉图，旁边跽坐一侍女	完好	平面减地浅浮雕	黑彩	八八、八九	四七，1

墓号	编号	名称	规格（厘米）	画像石内容	保存状况	雕刻方法	彩绘	图号	彩版号
M2	M2：5-3	前室北壁右边柱石	纵143、横52、厚7~8	画面分为三栏，内栏刻蔓草纹，外栏与横楣右端图案相接，中栏上格为西王母，下格为熏炉图，旁边立一侍女	完好	平面减地浅浮雕	黑彩	九〇、九一	四七，2
	M2：5-4	前室北壁中柱石	纵162.5、横16.5~12、厚7.5	铭文"故大将军掾并州从事属国都尉府丞平周寿贵里木君孟山夫人德行之宅"	四字剥蚀严重	阴线刻	红彩	九二、九三	四八
	M2：6	后室南壁横楣石	横224、纵33、厚7~8.5	画面分上下两栏，上栏刻缠枝蔓草纹，下栏左半部刻为西王母表演的乐舞百戏场面，右半部刻受西王母邀请的仙人赶赴宴享场景图	断为两截，边缘伤残	平面减地浅浮雕	黑彩	九四、九六	四九、五〇、
	M2：7-1	后室北壁左竖石	纵164、横104、厚7~8.5	边饰为窈曲龙凤纹，主画面分为上下两栏，上栏刻七舞伎拜见说唱图，下栏在绶带穿璧纹形成的菱形格内填云絮、骆驼、朱雀等。与右竖石组合成完整画面	左上角磕碰	平面减地浅浮雕	黑彩	九八、九九	五一、五三、五四、五五
	M2：7-2	后室北壁右竖石	纵145、横74.5、厚6.5	边饰为窈曲龙凤纹，主画面分为上下两栏，上栏刻七舞伎听讲图，下栏在绶带穿璧纹形成的菱形格内填云絮、大象等。与左竖石组合成完整画面	剥蚀严重，边缘磕碰	平面减地浅浮雕		一〇〇、一〇一	五二、五三、五四、五五
05M3	M3：1-1	墓门横楣石	纵36、横181、厚5.5~8	画面分为上下两栏，上栏为两段柯枝卷草纹，下方以人和动物填白，下栏刻绘车骑出行图，轺车二、辂车一、导从和护卫从四、迎宾主人二	右下边缘一处伤残	平面减地浅浮雕	红、黑彩	一〇三、一〇四	五六、五七
	M3：1-2	墓门左门柱石	纵130、横43.5、厚6.5~9	画面分为上下两部分，上部左栏边饰刻交缠的藤蔓，右栏分为上下两格，上格刻西王母，旁有二侍女、狐、桃拔，下格刻执笏佩剑门吏，下部刻羽人、桃拔、玄武、虎	完好	平面减地浅浮雕	红、黑彩	一〇五、一〇六	五八，1；五九
	M3：1-3	墓门右门柱石	纵140、横43.5、厚8~9	画面内容与左门柱相对，上部右栏上格刻东王公，面前跪一侍者，下格刻拥彗门吏，下部刻羽人、翼龙、玄武	左上角残	平面减地浅浮雕		一〇七、一〇八	五八，2；五九
	M3：1-4	墓门左门扉石	残纵52、横47、厚5~6.5	构图、内容与右门扉一致，残存铺首衔环下半部和灰兕图	残	平面减地浅浮雕	黑彩	一〇九、一一〇	六〇，1
	M3：1-5	墓门右门扉石	纵103.5、横47、厚4.5	上朱雀，中铺首衔环，下灰兕	残	平面减地浅浮雕		一一一、一一二	六〇，2

墓号	编号	名称	规格（厘米）	画像石内容	保存状况	雕刻方法	彩绘	图号	彩版号
M3	M3∶3	前室顶心石	边长23.5、厚12.5	画面中央刻一圆，圆内有一金乌，柿蒂纹四出圆外指向方形画面四角	完好	平面减地浅浮雕	红、黑彩	一一三、一一四	六〇，3
	M3∶2-1	前室北壁横楣石	纵35.5、横300、厚7.5	画面分为上下两栏，上栏左右角上浮雕日月轮，中为五组相互勾连的卷云蔓草纹，其间填独角背生翼的神兽、龙等，下栏为车骑出行狩猎图，刻有轺车、骑吏、羽人、桃拔、翼龙、神兽等	断为两截	平面减地浅浮雕	红彩	一一六～一二〇	六一、六二
	M3∶2-2	前室北壁左边柱石	纵134.5、横59、厚5~7.5	画面分为上下两部分，上部左栏在柯枝纹和藤蔓间穿插龙首和飞禽走兽等，下有二举笏文吏，右栏分为上下两格，上格刻西王母，下格刻挂剑执笏的老年门吏；下部刻一轺车，后跟随一护卫骑	完好	平面减地浅浮雕		一二一、一二二	六三，1
	M3∶2-3	前室北壁右边柱石	纵143、横59、厚7	画面与左边柱相对布置，上部右栏与门楣右端纹饰相接，左栏上格缺，下格刻拥彗门吏；下部刻一辇车和备乘之马	左上部残缺	平面减地浅浮雕		一二三、一二四	六三，2

附录一　米脂官庄M2画像石彩绘分析

刘成[1]　夏寅[2]　王伟锋[2]

（1.西北大学文博学院，2.陶质彩绘文物保护国家文物局重点科研基地秦始皇兵马俑博物馆）

2005年3~5月，榆林市文物保护研究所联合米脂县博物馆、榆林市考古勘探工作队在米脂官庄发掘清理了3座东汉画像石墓，共出土画像石43块。三座墓均发现彩绘画像，特别是M2的画像色彩多样鲜艳，在陕北画像石中极为罕见。

M2所出土的21块画像石中，除大量使用墨彩描绘物像外，又有8块施以其他色彩加以表现。尤其是前室东、西壁的左、右门柱石（M2：3-2、M2：3-3、M2：4-2、M2：4-3）画像上涂绘有红、白、粉、蓝、天蓝、鹅黄、赭色等多种颜料，颜色艳丽夺目，令人惊叹。

偏光显微分析和拉曼光谱分析是目前常用的颜料分析手段,前者可以通过测定颜料光学特性指标直观了解颜料成分、制备等信息,后者则能够对颜料成分特别是其杂质进行进一步精确分析判断。下面为针对M2出土画像石所进行的彩绘分析结果。

一　偏光显微分析

1.仪器和材料

挑取粉末颗粒样品于载玻片上并固结在盖玻片下，采用Leica DMLSP偏光显微镜观察。

2.偏光显微分析过程和结果。

见表一所示。

二　显微拉曼光谱分析

1.方法和仪器

Renishaw inVia-plus，配备有Leica 2500显微镜；激光器：514nm；50×物镜；光栅1800，采用5×10秒扫描频次。挑选了颜料颗粒、拉曼光谱分析。选取了粉末样品，置于凹型载玻片中待检。

2.显微拉曼光谱分析结果

表一 偏光显微分析过程和结果

样品名称	颗粒大小	折射率	具体描述	结果
4-2 蓝色	5~30 μm	<1.662	薄片状，浅蓝色，消光性弱；另有紫色颗粒	中国蓝（多）+ 中国紫（少）（彩版六四，1、2）
4-2 绿色	1~60 μm	≥ 1.662	纤维状聚集态，消光性强	石绿（彩版六四，3）
4-2 天蓝（蓝+白）			蓝色颗粒为中国蓝和中国紫；白色颗粒呈浅绿色>>1.662，颗粒较小-3μm，液滴状，消光性强	中国蓝（多）+中国紫（少）+铅白（彩版六四，4）
4-3 蓝色			35% 石青，>1.662，1~30μm；5%雌黄，>1.662，5~50μm，纤维状，有红蓝绿异常消光；60%碳酸钙，1~30μm，块状，≤1.662	石青+雌黄+碳酸钙（彩版六四，5）
4-3 边框处白色	颗粒较小-3μm	>>1.662	白色颗粒呈浅绿色,，液滴状，消光性强	铅白
4-3 三角纹饰处白色	颗粒较小-3μm	>>1.662	白色颗粒呈浅绿色，液滴状，消光性强	铅白
4-2 白色	颗粒较小-3μm	>>1.662	白色颗粒呈浅绿色，液滴状，消光性强	铅白
4-2 粉红			碳酸钙较多；朱砂大约2%~3%	碳酸钙 + 朱砂
4-2 深红	1~10 μm		较纯朱砂	朱砂

① M2：4-2 蓝中浅蓝色颗粒拉曼分析结果如下，与文献中中国蓝对应较好（图一）。

文献中国蓝[1]	383（w）	427（s）	562（w）	791（w）	997（w）	1102（s）	
样品数据	378（m）	425（s）				1097（s）	1123

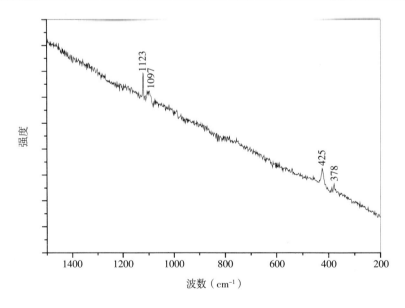

图一　4-2 蓝中浅蓝色颗粒的拉曼图谱，激发波长 514nm

② M2：4-2 蓝中紫色颗粒拉曼分析结果如下，与文献中中国蓝对应较好（图二）。

文献中国紫[1]	183（w）	276（w）	354（w）	459（w）	516（m）	588（s）	990（m）	
样品数据	183（w）			465（m）	514（s）	587（vs）	988（m）	1121

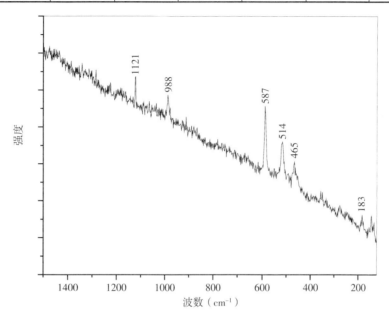

图二　4-2 蓝中紫色颗粒的拉曼图谱，激发波长 514nm

③ M2：4-2 蓝中深蓝色颗粒拉曼分析结果如下，与文献中石青对应较好（图三）。

文献石青[2]	180（w）	250（m）	335（w）	403（vs）	545（w）	767（m）	839（m）	1098（m）
样品数据	172（w）	247（s）	335（w）	400（vs）	543（w）	765（m）	835	1095（s）

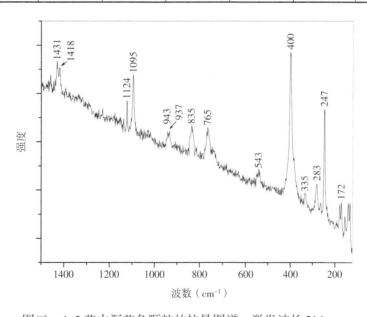

图三　4-2 蓝中深蓝色颗粒的拉曼图谱，激发波长 514nm

④ M2：4-2 蓝中绿色颗粒拉曼分析结果如下，与文献中石绿对应较好（图四）。

文献石绿[2]	155（s）	178（m）	217（m）	268（m）	354（m）	433（vs）	1085（m）	1492（vs）
样品数据	155	181	224	272	354	435	1098	1493（s）

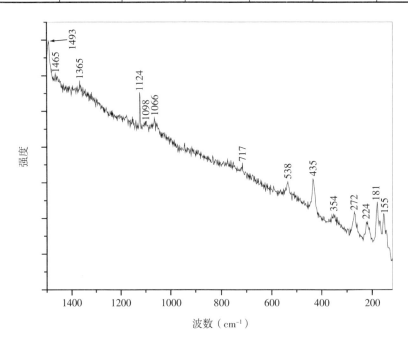

图四　4-2 蓝中绿色颗粒的拉曼图谱，激发波长 514nm

⑤M2：4-2蓝中白色颗粒拉曼分析结果如下，其主要峰值1054与文献[2]中铅白对应较好（图五）。

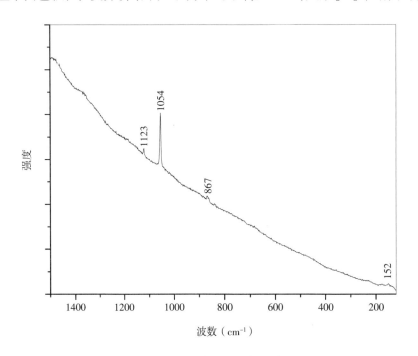

图五　4-2 蓝中白色颗粒的拉曼图谱，激发波长 514nm

通过以上偏光和拉曼光谱分析可知，画像石 M2：4-2、M2：4-3 上蓝色颜料的主要呈色物为中国蓝和中国紫的混合物，而天蓝色颜料则以中国蓝、中国紫混合颜料为基础，使用铅白调配蓝色深浅，反映出这一时期榆林地区在对颜色的调配上已有较为成熟的方法，同时一些部位的蓝色颜料则以石青和雌黄进行调配，说明工匠在对同一颜色的调配上有较多的选择，并在具体操作中有一定的随意性。此外颜料中的绿色、白色、红色分别为石绿、铅白和朱砂。

参考文献

［1］Wiedemann H G, Berke H, Chemical and physical investigations of Egyptian and Chinese blue and purple [A]. In: Proceeding of the Conference The Polychromy of Antique Sculptures and the Terracotta Army of the First Chinese Emperor [C]. Xi'an, China. 1999: 154-170.

［2］Lucia Burgio, RJH Clark, Library of FT-Raman spectra of pigments, minerals, pigment media and varnishes, and supplement to existing library of Raman spectra of pigments with visible excitation[J], Spectrochimica Acta Part A, 2001, 57: 1491-1521.

附录二　米脂官庄历年发现的画像石

姬翔月

（榆林市文物保护研究所）

　　米脂官庄是陕北画像石最重要的发现地之一，截止到 2005 年，能够明确在官庄发现的馆藏画像石共 133 块。其中入藏时间最早的 47 块是 1971 年在当地群众修梯田时发现的 4 座墓中出土的，有关资料在《文物》1972 年第 3 期上作了介绍。这批画像石全部收藏于西安碑林博物馆，《陕北汉代画像石》①将其全部收录（拓片）。由于客观条件限制，本文中未收集这些画像石，只在表一中有所反映。下面仅就 1971 年以后、2005 年以前米脂县博物馆收藏的 86 块画像石作一整理汇总，目的在于将官庄这一相对独立的小地域内发现的画像石集中呈现给读者，为研究陕北画像石的学界同仁提供方便和参考。

一　1978 年发现 1 块纪年铭文刻石

　　该纪年石出自小官庄东南约 500 米处的一座汉墓中，墓葬及其余画像石情况不详。该石为墓葬前室北壁的中柱石，纵 112、横 33.5、厚 12 厘米，正面隶体阴刻铭文"永和四年九月十日癸酉河内山阳尉西河平周寿贵里牛季平造作千万岁室宅"，共三十二字（图一）。

二　1981 年征集的 1 块横楣石

　　1978 年，在官庄小学东南约 50 米处发现一座汉墓（M5），1981 年，米脂县博物馆征回墓葬出土的一块横楣石。

　　横楣石：纵 30.5、横 322.5、厚 7 厘米。画面表现紧张的射猎场面，共刻画十八骑，骑手持弓、箭、戟、竿等奋力射杀熊、虎、鹿、狐等，画面中间以阴线刻"牛君"二字，牛君应为墓主人（图二）。

---

① 李林、康兰英、赵力光编著：《陕北汉代画像石》，陕西人民出版社，1995 年。

0   20厘米

图一　牛季平墓出土纪年中柱石

图二　M5 横楣石

20厘米

0

三　1981 年出土的 16 块画像石

1980 年秋，官庄村民在施工中发现一座墓（M6），1981 年 8 月，陕西省第二次文物普查时期由慕嘉碧、李忠炬等同志对该墓葬进行清理，李林、赵学勇等随后做了调查、记录及测绘工作，有关情况在《考古》1987 年第 11 期上作了介绍。

M6 位于官庄村南的台地上，方向坐北朝南，石砌墓葬，由墓道、墓门、甬道、前室、右耳室、后室及前后室间的过洞组成。墓门和前室四壁共镶嵌画像石 16 块。

1. 墓门

由横楣石、左、右门柱石及左、右门扉石五块画像石组成。

横楣石：纵 43、横 211、厚 6.5 厘米。画面分为上、下两栏。上栏及两端为如意云纹，下栏中间刻一垂挂帷幔的阁楼，两旁对立二侍从，侍从身后分别有荷戟导骑和一辆辎车朝阁楼而去（图三）。

左门柱石：纵 108、横 36、厚 6 厘米。画面分为上、下两部分。上部外栏与横楣石左端纹饰连接，内栏上刻双层望楼，楼上有伏羲对着嘉禾起舞，下刻拥彗门吏躬身侍立。下部为玄武图（图四，1）。

右门柱石：纵 107.5、横 36、厚 7 厘米。画面与左门柱石相对，上部内栏刻与伏羲相对的女娲图像（图四，2）。

左门扉石：纵 116.5、横 49.5、厚 4.3 厘米。画面分为三部分。上刻朱雀，中刻铺首衔环，下刻灰儿（图五，1）。

右门扉石：纵 117、横 49.5、厚 4 厘米。画面内容与左门扉石一致，惟方向相反（图五，2）。

2. 前室南壁

由横楣石和左、右门柱石三块画像石组成。

横楣石：纵 37、横 158、厚 9 厘米。画面分为上、下两栏。上栏为如意云纹，下栏为车骑出行队伍，共三辆辎车和二辆轺车，车前车后有导骑和护卫骑，左有二人跪拜、三人躬身迎迓（图六）。

左门柱石：纵 112、横 70、厚 7 厘米。画面分为内、外两栏。外栏刻一高大的楹柱，上承斗栱，内栏四格内分别刻孔雀、马拉轺车、马拉轺车、饲马图（图七，1）。

右门柱石：纵 112.5、横 68.5、厚 7 厘米。画面内容与左门柱石相同，方向相反（图七，2）。

3. 前室东壁

由横楣石和左、右门柱石三块画像石组成。

横楣石：纵 36.5、横 241、厚 7.5 厘米。画面分为上、下两栏。上栏为如意云纹，其间穿插羽人和灵禽异兽，下栏刻车骑出行队伍，共六辆辇车，均有骑吏护卫（图八）。

左门柱石：纵 113.5、横 68.5、厚 7.5 厘米。画面分为内、外两栏。外栏刻楹柱，上承斗栱，内栏分四格，第一格刻孔雀、鸱鸮、狐，第二格刻翼龙，第三格刻铺首，第四格上部刻家犬和家禽，下部刻清除马粪图（图九，1）。

右门柱石：纵 109.5、横 68.5、厚 7 厘米。画面内容与左门柱石完全相同，方向相反（图九，2）。

0   20 厘米

图三　M6 墓门横楣石

1　　　　　　　　　　　　　　2

0 ├───────┤ 20厘米

图四　M6墓门左、右门柱石
1.左门柱石　　2.右门柱石

1   2

0   20厘米

图五　M6墓门左、右门扉石
1.左门扉石　2.右门扉石

图六　M6 前室南壁横楣石

0　　　　　　20厘米

图七　M6前室南壁左、右门柱石
1.左门柱石　2.右门柱石

图八　M6前室东壁横楣石

图九　M6前室东壁左、右门柱石

1. 左门柱石　2. 右门柱石

图一〇 M6前室西壁横楣石

图一一 M6前室西壁横壁石

4. 前室西壁

由横楣石和横壁石两块画像石组成。

横楣石：纵38.5、横248.5、厚7.5厘米。画面分为上、下两栏。上栏如意云纹间填刻珍禽瑞兽，下栏为绶带穿璧图（图一〇）。

横壁石：纵109、横275、厚10厘米。画面两端刻斗栱楹柱，中间分为五栏，一、二栏为车骑出行队伍，三栏中有阁楼，两旁为舞蹈图，四栏为如意云纹，五栏为骑猎图（图一一）。

5. 前室北壁

由横楣石和左、右门柱石三块画像石组成。

横楣石：纵39、横227、厚7.5厘米。画面分为上、下两栏。上栏为如意云纹，中添龙、虎、羽人等，下栏刻翼龙、麒麟、桃拔、天马、翼虎、白虎、荼首和羽人、伏羲女娲，相互间以嘉禾分隔（图一二）。

左门柱石：纵107.5、残横38、厚5.5厘米。画面分为四格，第一格刻二人踞坐榻上，长者作手势正在讲述，第二格刻一人对着旁边二人述说，第三格刻四人长裙曳地相向站立，第四格刻博山炉，炉盘上生长两棵高大的嘉禾（图一三，1）。

右门柱石：纵107.5、横38、厚6厘米。画面内容与左门柱石相近，方向相反（图一三，2）。

四　1981年征集的5块墓门画像石

由横楣石、左、右门柱石及左、右门扉石五块画像石组成墓门。

横楣石：纵39.5、横190、厚7厘米。画面分为上、下两栏。上栏及两端为草叶纹，左、右角上刻日月轮；下栏刻车骑出行场面，共三辆轺车，跟随骑吏三人（图一四）。

左门柱石：纵107.5、横36.5、厚7厘米。画面分为上、下两部分。上部外栏草叶纹与横楣左端图案相接，内栏上格为西王母，下格为拥彗门吏；下部仅占画面的五分之一，刻玄武图（图一五，1）。

右门柱石：纵106.5、横34、厚7.5厘米。画面与左门柱石相对，除门吏执棨戟外，其余内容完全相同，方向相反（图一五，2）。

左门扉石：纵104、横45、厚4厘米。画面分为两部分。上刻朱雀，下刻铺首衔环（图一六，1）。

右门扉石：纵104、横45、厚4.5厘米。画面内容与左门扉石相同，方向相反（图一六，2）。

五　1981年征集的一座墓中的3块墓室竖石

左竖石：纵126、横26、厚7.5厘米。画面分为内、外两栏，内栏分上、下两格。图案以云气纹为主，中间穿插麋、鹿、羚羊等动物，右上部刻一兽面（图一七，1）。

右竖石：纵125、横26、厚7.5厘米。画面内容风格与上述左竖石相似（图一七，2）。

右竖石：纵109、横26.5、厚8厘米。画面内容风格与上述左竖石相似（图一七，3）。

图一二　M6前室北壁横楣石

20厘米

0

1

2

0 ⊢——⊣——⊣——⊣——⊣ 20厘米

图一三　M6前室北壁左、右门柱石
1.左门柱石　2.右门柱石

图一四　征集墓门横楣石

1　　　　　　　　　　　　　　　　　　　　　2

0　　　　　　　　　　　　　　20厘米

图一五　征集墓门左、右门柱石
1. 左门柱石　2. 右门柱石

 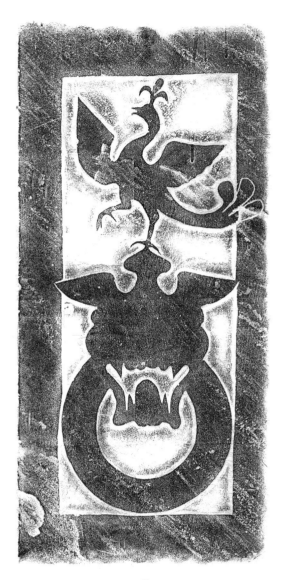

1   2

0 ———————— 20厘米

图一六 征集墓门左、右门扉石
1.左门扉石 2.右门扉石

0 _____ 20厘米　　　0 _____ 20厘米　　　0 _____ 20厘米

图一七　征集 3 块墓室竖石
1.左竖石　2.右竖石　3.右竖石

六　1981 年征集的一座墓中的两组 4 块墓室竖石

左竖石：纵 104、横 36、厚 6.5 厘米。画面分为内、外两栏，外栏为云絮纹，内栏分上、下两格，上格刻西王母高踞悬圃之顶，旁有羽人侍应，下格刻博山炉，四周云气萦绕，炉顶立一凤鸟（图一八，1）。

右竖石：纵 105、横 37、厚 8 厘米。画面与左竖石相对，内容大致相同，上格对应西王母处为东王公（图一八，2）。

左竖石：纵 107.5、横 36.5、厚 6 厘米。画面分为内、外两栏，外栏为云絮纹，内栏分上、下两格，上格刻西王母高坐悬圃上，左有玉兔正在捣药，下格刻一凤鸟站立于博山炉顶上，周围云气缭绕（图一九，1）。

右竖石：纵 107.5、横 36.5、厚 6.5 厘米。画面与左竖石相对，内容大致相同，上格对应西王母处为东王公（图一九，2）。

七　1981 年征集的一座墓中的 2 块墓门门柱石

左门柱石：纵 91、横 41、厚 10 厘米。画面分为内、外两栏，外栏在卷云纹中穿插珍禽异兽，内栏分四格，第一格残，第二格为拥彗门吏，第三格刻一马，第四格较小，刻一只卧犬（图二〇，1）。

右门柱石：纵 91.5、横 40.5、厚 10 厘米。画面内容布局与左门柱石完全相同，方向相反（图二〇，2）。

八　1981 年征集的 1 块竖石

右竖石：纵 118.5、横 50.5、厚 6 厘米。画面分为内、外两栏，外栏分四格，第一格刻玉兔捣药，第二格刻羽人献芝草，第三格刻一卧鹿，第四格刻朱鹮和鸡鸭家禽；内栏亦分四格，第一格刻执戟门吏，第二格刻拥彗门吏，第三格刻玉兔捣药，第四格刻一人洒扫（图二一）。

九　1981 年征集的一座墓中的 2 块墓室竖石

左竖石：纵 102.5、横 90.5、厚 4 厘米。画面分为三栏，内、外栏均为云气纹，中栏在祥云间刻一只牡鹿（图二二）。

右竖石：纵 125.5、横 91、厚 6 厘米。画面与左竖石相对刻一只牝羊（图二三）。

1　　　　　　　　　　　　　　　　2

0　　　　　20厘米　　　　　　　0　　　　　20厘米

图一八　征集一组墓室竖石
1. 左竖石　2. 右竖石

1　　　　　　　　　　　　　　　　　　　　2

0　　　　　　　　　　20厘米

图一九　征集一组墓室竖石
1.左竖石　2.右竖石

1　　　　　　　　　　　　　　　2

0　　　　　　20厘米　　　　　　0　　　　　　20厘米

图二〇　征集墓门左、右门柱石
1.左门柱石　2.右门柱石

0　　　　　　　20厘米

图二一　征集右竖石

0   20厘米

图二二 征集"鹿"左竖石

0 _____ 20厘米

图二三　征集"羊"右竖石

0　　　　　　　　　20厘米

图二四　征集墓门左门柱石

十 1981年征集的1块墓门门柱石

左门柱石：纵107.5、横40.5、厚6厘米。画面分为上、下两部分，上部外栏为卷云纹，内栏上格刻西王母，下格刻一拥彗门吏；下部上格为玄武，下格一人执物在前，后有马拉辎车相随（图二四）。

十一 1985年发掘出土的24块画像石

1985年3月，官庄村民艾文化在修建个人住宅时发现墓葬一座（M7），榆林市文管会对墓葬进行了抢救性发掘清理，有关情况在中国汉画学会、北京大学汉画研究所编的《中国汉画研究》（第二卷）[①]上作了介绍。

M7位于官庄小学东边，坐北朝南，墓向85°。墓葬为石砌，由墓道、封门、墓门、甬道、前室、耳室、后室及前后室间的过洞组成。墓门、前室四壁及前室顶中央共镶嵌画像石24块。

1. 墓门

由横楣石、左、右门柱石及左、右门扉石五块画像石组成。

横楣石：纵43.5、横190、厚11厘米。画面分为上、下两栏。上栏在卷云蔓草间穿插灵禽异兽，两端刻日月轮；下栏刻天马、麒麟、翼龙、桃拔、翼虎瑞兽向左行进，上方空白处填朱雀等异鸟点缀（图二五）。

左门柱石：纵123、横38.5、厚10厘米。画面分为上、下两部分。上部外栏与横楣石左端纹饰衔接，内栏分两格，上格刻西王母，下格刻躬身拥彗门吏；下部占画面的五分之一，刻玄武图（图二六，1）。

右门柱石：纵127、横38、厚12厘米。画面内容和风格与左门柱石基本一致，相向刻画（图二六，2）。

左门扉石：纵119、横54、厚5厘米。画面分为三部分。上朱雀，中铺首衔环，下灰兕（图二七，1）。

右门扉石：纵124.5、横53、厚4厘米。画面内容与左门扉石一致，方向相反（图二七，2）。

2. 前室南壁

由横楣石、左、右门柱石和左、右边柱石五块画像石组成。

横楣石：纵72.5、横273.5、厚9.5厘米。画面分七格，按轴对称图形两边对称刻兽面铺首、朱雀、虎、玄武、翼龙和孔雀等（图二八）。

左门柱石：纵166、横34、厚8厘米。画面分为上、下两部分。上部分内、外两栏，外栏为如意云纹，内栏分三格，第一格刻虎，第二格刻翼龙，第三格刻羽人持献灵芝和拥彗门吏；下部刻博

[①] 广西师范大学出版社，2006年。

20 厘米

0

图二五　M7 墓门横楣石

1　　　　　　　　　　　　　　　　2

0　　　　　　　　　　20厘米

图二六　M7墓门左、右门柱石
1.左门柱石　2.右门柱石

1　　　　　　　　　　　　　　　　　　　　2

0　　　　　　20厘米

图二七　M7墓门左、右门扉石
1.左门扉石　2.右门扉石

图二八 M7 前室南壁南堂横楣石

20厘米

0

1

2

0　　　　　　　　20厘米

图二九　M7前室南壁左、右门柱石
1.左门柱石　2.右门柱石

1

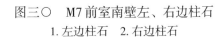

2

图三〇　M7 前室南壁左、右边柱石
1. 左边柱石　2. 右边柱石

山炉（图二九，1）。

右门柱石：纵 156、横 34.5、厚 10 厘米。画面内容与左门柱石完全相同，方向相反（图二九，2）。

左边柱石：纵 153、横 20.5、厚 7.5 厘米。刻连续不断的如意云纹（图三〇，1）。

右边柱石：纵 158、横 27.5、厚 12.5 厘米。刻连续不断的如意云纹（图三〇，2）。

3. 前室东壁

由横楣石、左、右门柱石和左、右边柱石五块画像石组成。

横楣石：纵 41、横 258、厚 10 厘米。画面分为上、下两栏。上栏为如意云纹，下栏刻车骑出行队伍，共有二辆轺车和三辆轺车面左行进，车前有肩扛棨戟或持弓弩的骑吏作导，后有徒手骑吏护从（图三一）。

左门柱石：纵 148、横 34、厚 10 厘米。画面分为六格，第一格刻二人榻上对语，第二格刻飞奔的马驾一轺车，第三格刻静候的马拉一轺车，第四格刻肩荷棨戟和持弓弩骑吏，第五格与第四格同，第六格刻牛车和鸡鸭家禽（图三二，1）。

右门柱石：纵 154.5、横 33.5、厚 9.5 厘米。画面内容与左门柱石完全相同，方向相反（图三二，2）。

左边柱石：纵 168、横 19、厚 9.5 厘米。刻连续不断的如意云纹（图三三，1）。

右边柱石：纵 156.5、横 25、厚 12 厘米。刻连续不断的如意云纹（图三三，2）。

4. 前室西壁

由横楣石、左、右边柱石和中柱石四块画像石组成。

横楣石：纵 41、横 258.5、厚 9.5 厘米。画面分为上、下两栏。上栏在卷云蔓草间隐现羽人和众多的珍禽瑞兽，下栏刻天马、翼龙、翼虎、麒麟、桃拔、仙鹤等相向而去，各灵异间以嘉禾间隔（图三四）。

左边柱石：纵 161.5、横 29、厚 8 厘米。刻连续不断的如意云纹（图三五，1）。

右边柱石：纵 154、横 29、厚 8 厘米。刻连续不断的如意云纹（图三五，2）。

中柱石：纵 137、横 49、厚 9 厘米。画面中间为一高大的楹柱，上承斗栱，楹柱两侧刻马、鹿、龙、虎、捣药玉兔、骑吏等（图三六）。

5. 前室北壁

由横楣石、左、右边柱石和中柱石四块画像石组成。

横楣石：纵 38.5、横 285.5、厚 12 厘米。画面分为上、下两栏。上栏为车骑出行队伍，有五辆轺车和一辆轺车，前后跟随骑吏护卫；下栏中间刻画六人欣赏优人表演节目的场景，两边刻龙、虎、麒麟、羽人和捣药玉兔等（图三七）。

左边柱石：纵 160、横 50、厚 10 厘米。画面分为十一格，内刻人物拜会、乐舞场面和犬、鹿、马及一人洒扫（图三八，1）。

右边柱石：纵 161.5、横 46.5、厚 10 厘米。与左边柱石相对刻出，内容基本相同（图三八，2）。

中柱石：纵 162、横 29、厚 11 厘米。刻连续不断的如意云纹（图三九）。

20厘米

0

图三一　M7前室东壁横楣石

1

2

0　　　　　20厘米

0　　　　　20厘米

图三二　M7前室东壁左、
　　　右门柱石
1. 左门柱石　2. 右门柱石

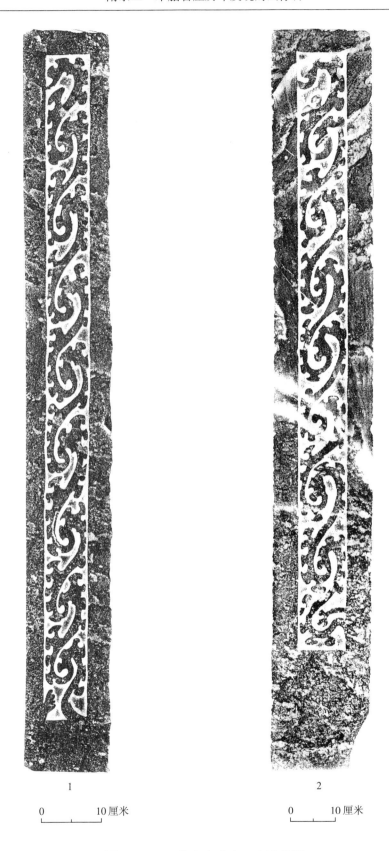

1　　　　　　　　　　　　　2

0　　　10厘米　　　　　　　　0　　　10厘米

图三三　M7前室东壁左、右边柱石
1. 左边柱石　　2. 右边柱石

20厘米

0

图三四　M7 前室西壁西壁横楣石

1　　　　　　　　　　　　　2

0　　　　　20厘米　　　　　　0　　　　　20厘米

图三五　M7 前室西壁左、右边柱石
1.左边柱石　2.右边柱石

0　　　　　　　　　20厘米

图三六　M7前室西壁中柱石

图三七　M7前室北壁横楣石

0　　20厘米

1

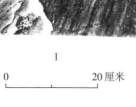

2

图三八　M7 前室北壁左、
右边柱石
1. 左边柱石　2. 右边柱石

0　　　　　　10厘米

图四〇　M7前室顶心石

0　　　　　　20厘米

图三九　M7前室北壁中柱石

6. 前室顶中央

顶心石：楔形石，正面方形，边长 27.5、背面边长 24.5、厚 11 厘米。中间减地浅浮雕刻一圆（图四○）。

十二　2000 年出土的 26 块画像石

1998~2000 年间，官庄小学北边的一座画像石墓（M8）被盗，墓中所出画像石分散于村民家中，2001 年米脂县博物馆征回其中的 22 块。2003 年米脂县公安局在打击文物走私犯罪活动中收缴到 4 块画像石，据称此 4 石也是 M8 出土的。M8 用石料砌筑而成，南北方向，由前、后室和耳室等部分组成，具体情况不明。墓葬出土的 26 块画像石分别镶嵌在墓门、墓室壁面和前室顶部。以下画像石的组合配置情况参照馆藏文物数据库资料。

1. 墓门

由横楣石、左、右门柱石及左、右门扉石五块画像石组成。

横楣石：纵 35.5、横 186、厚 8.5 厘米。画面分为上、下两栏，上栏为窃曲龙纹，中间穿插奔跑的小兽等；下栏中间刻一兽面，左、右两边有二体态庞大笨拙的瑞兽相向而抵，两端刻翼龙相向奔走。物像以墨线描绘细部（图四一）。

左门柱石：纵 120、横 41.5、厚 7.5 厘米。画面分为内、外两栏，外栏与横楣石两端图案衔接，内栏分上、下两格，上格刻昂首前视的朱雀，下格刻一拥彗门吏面右躬立（图四二，1）。

右门柱石：纵 120、横 46、厚 6 厘米。画面与左门柱石相对布局，内栏上格同为朱雀，下格门吏手持一物躬身侍立（图四二，2）。

左门扉石：纵 110、横 50、厚 5 厘米。画面上刻朱雀，中刻铺首穿环，下为灰儿。以墨线描绘细部（图四三，1）。

右门扉石：纵 110、横 51.5、厚 4.5 厘米。画面与左门扉石内容相同，方向相反（图四三，2）。

2. 前室南壁

由横楣石和左、右门柱石三块画像石组成。

横楣石：纵 34.5、横 292、厚 9 厘米。画面分为上、下两栏，上栏为云气纹，中间隐现众多的灵禽异兽，左、右角上各有一铺首；下栏刻灵兽图，中间为一毛发贲张的怪兽面，两旁有翼龙、翼虎、熊、羽人等相向而行（图四四）。

左门柱石：纵 131、横 104、厚 8 厘米。画面分内、中、外三栏，内、外栏为云气纹，中间填缀灵异。中栏刻一鹿昂首扬角面右站立，四周祥云缭绕，灵鸟伴翔，上方停歇二只朱雀（图四五，1）。

右门柱石：纵 127、横 106、厚 7.5 厘米。画面与左门柱石相对布置，中栏刻一羝羊面左行走，周围云气环绕，灵禽作伴（图四五，2）。

3. 前室北壁

由横楣石、左、右边柱石和中柱石四块画像石组成。

0

图四一　M8墓门横楣石

20厘米

0

0   20厘米   0   20厘米

图四二　M8墓门左、右门柱石

1. 左门柱石　2. 右门柱石

1   2

0   20厘米

图四三 M8 墓门左、右门扉石
1. 左门扉石 2. 右门扉石

图四四　M8 前室南壁横楣石

20厘米

0

20厘米

图四五　M8 前室南壁左、右门柱石
1. 左门柱石　2. 右门柱石

图四六　M8前室北壁横楣石

0 ⌴ 20厘米

横楣石：纵34、横324、厚11厘米。画面分为上、下两栏，上栏刻窃曲龙纹，中间穿插灵禽瑞兽，下栏左端为一庭院，院外门吏正在迎接远道而来的车马队，共五辆轺车和一辆辎车，车前后有骑吏和步卒护卫（图四六）。

左边柱石：纵122.5、横60、厚10厘米。画面分内、中、外三栏，外栏与横楣石两端图案衔接，内栏为勾云蔓草纹，中栏分上、下两格，上格刻西王母高踞悬圃之上，下格在悬圃顶上刻一铺首（图四七，1）。

右边柱石：纵125.5、横63.5、厚10.5厘米。画面与左门柱石相对布局，内、外栏内容相同，中栏上格刻东王公，面前有捣药玉兔，树下有羽人、桃拔等；下格亦在悬圃上方刻一铺首（图四七，2）。

中柱石：纵107、横14、厚7厘米。画面中间立一长柱，柱头为一兽面，柱身上缠绕龙凤，柱旁立有三羽人（图四八）。

4. 前后室间的过洞壁面

由过洞两边墙上镶嵌的边侧石和中间的隔墙石三块画像石组成。

左边侧石：纵134、横48、厚11.5厘米。画面自上而下分为四格，上、下两格刻云气纹，中添羽人、飞鸟，中间两格分别刻二妇人相对作拜图（图四九，1）。

右边侧石：纵131、横48、厚15厘米。画面与左边侧石相对，亦分为四格，上、下两格同为云气纹，中间两格分别刻戴冠男子对拜图（图四九，2）。

隔墙石：纵141.5、横46.5、厚12.5厘米。双面画像，一面分四格，上、下两格为云气纹，中添羽人、灵兽，中间两格分别刻男女二人对拜图（图五〇，1）；另一面相对刻画，中间两格对应的是戴冠持物男子对语拜见图（图五〇，2）。

5. 墓室壁面

由横楣石、左、右门柱石和左、右边柱石五块画像石组成。

横楣石：纵34、横291、厚6厘米。画面分为上、下两栏，上栏为窃曲龙纹，中间穿插灵禽瑞兽；下栏刻骑吏和跪伏于地的仆从正在迎接远道而来的客人的盛大场面，来宾之主骑一匹高大的骏马停立在前，身后跟随二护卫骑，之后有一马队并排站立，马队前后有骑吏引领护从。画面右端添刻狐兔和飞鸟（图五一）。

左门柱石：纵123.5、横36、厚4厘米。画面分为内、外两栏，外栏为云气纹，内栏分上、下两格，上格在树形悬圃之顶上刻两个羽人，下格刻一佩剑牛首人身门吏，墨彩绘画细部（图五二，1）。

右门柱石：纵127、横36、厚4厘米。画面与左门柱石相对布置，外栏为云气纹，内栏上格刻西王母高踞悬圃之巅，旁边有羽人侍应，下方有面左行走的狐和捣药的玉兔，下格为一佩剑鸡首人身门吏，墨彩绘画细部（图五二，2）。

左边柱石：纵128、横25.5、厚6厘米。画面分内、外两栏，外栏为窃曲龙纹，内栏分上、下两格，上格刻头角上连璧的兽面和背生翼的独角桃拔，下格在云气中刻牡鹿和虎（图五三，1）。

右边柱石：纵127、横25.5、厚7厘米。画面与左边柱石对应，外栏主纹饰间隐现灵禽异兽，内栏上格同刻头顶上连璧的兽面和背生翼的独角桃拔，下格在云气中刻羽人和翼龙（图五三，2）。

1

2

0 ⊢——————————⊣ 20厘米

图四七　M8前室北壁左、右边柱石
1.左边柱石　　2.右边柱石

0   20厘米

图四八　M8前室北壁中柱石

1

0　　　　　　20厘米

2

0　　　　　　20厘米

图四九　M8前后室间过洞左、右边侧石
1.左边侧石　2.右边侧石

1　　　　　0　　　　　20厘米　　　　2

图五〇　M8 前后室间过洞隔墙石
1. 正面　2. 背面

图五一　M8 墓室壁面横楣石

1

0 _____ 20厘米

2

图五二　M8墓室壁面左、右门柱石

1.左门柱石　2.右门柱石

0 ⎯⎯⎯ 10厘米

图五三　M8 墓室壁面左、右边柱石
1. 左边柱石　2. 右边柱石

1　　　　　　　　　　　2

图五四　M8墓室壁面横楣石

0 ⸺ 20厘米

1　　　　　0　　　　　　　20厘米

2

图五五　M8墓室壁面左、右门柱石
1.左门柱石　2.右门柱石

图五六　M8墓室壁面左、右边柱石

1. 左边柱石　2. 右边柱石

0　　　　　　10厘米

1　　　　　　　　　　　2

0 　　　　　　　　10厘米

图五七　M8前室顶心石

6. 墓室壁面

由横楣石、左、右门柱石和左、右边柱石五块画像石组成。

横楣石：纵34、横291、厚6厘米。画面分为上、下两栏，上栏为窃曲龙纹，中间填缀鱼、兔、飞鸟等；下栏刻阵容庞大的马队向左行进场面（图五四）。

左门柱石：纵128.5、横36、厚5厘米。画面分内、外两栏，外栏为勾云纹；内栏分上、下两格，上格刻头戴三叶王冠、肩生羽翼的西王母高坐悬圃之顶，头顶上蔽伞形盖，盖顶上一龙一虎相背而行。悬圃下方山峰突起，一鹿一狐填缀其间。下格为瞠目呲牙的兽首人身门吏，墨彩绘画细部（图五五，1）。

右门柱石：纵125、横36、厚4厘米。画面与左门柱石相对布局，内栏上格在悬圃顶上刻划一兽，下格为拥彗门吏，墨彩绘画细部（图五五，2）。

左边柱石：纵120.5、横25、厚6厘米。画面分内、外两栏，外栏为窃曲龙纹，内栏分上、下两格，上格上部刻一兽面角上勾圆璧，下部有一蟾蜍；下格在云气中刻独角兽和鸥鹗，上方群鸟飞绕（图五六，1）。

右边柱石：纵122、横26、厚5.5厘米。画面与左边柱石相对布局，内栏上格内容相近，下格在云气中刻三兽（图五六，2）。

7. 前室顶中央

顶心石：正面方形，纵36.5、横36、厚16.5厘米。画面中间减地浮雕一圆，圆涂朱色，中墨彩绘三足乌。圆外指向方形四角刻草叶纹（图五七）。

表一　米脂官庄历年发现的画像石登记表

序号	位置	名称	画像石内容	尺寸（厘米）	保存状况	来源	图号
1	M1 墓门	横楣石	画面分为上、下两栏，上栏为勾连云纹，其间穿插珍禽瑞兽，两端刻日月轮；下栏为射猎图，共刻三人骑獐或徒步执弓持殳射杀豹、鹿和野猪等	纵38、横167	断裂	1971年4月出土	
2		左门柱石	画面分为内、外两栏，外栏在下端刻一熊扬左臂抖动云纹，其上方羽人正在喂桃拔；内栏上格刻鸡首人身仙人盘坐在悬圃之顶，下格刻执笏门吏	纵89、横36	完整	1971年4月出土	
3		右门柱石	画面与左门柱石相对，外栏下端刻一龙张口向上，上部有羽人持献灵芝；内栏上格对应牛首人身仙人，下格为执棨戟门吏	纵89、横36	完整	1971年4月出土	
4	M1 墓室壁面	横楣石	画面分为上、下两栏，上栏于勾连云纹间隐现熊、龙、鹿及龙拉轩车、羽人等；下栏射猎图刻二人骑马张弓，一人持戟，一人举盾，共同射杀虎和熊的激烈场面	纵36、横167	完整	1971年4月出土	
5		左竖石	画面分为内、外两栏，外栏上部刻伏羲(女娲)持灵芝草，下部刻一人跨云头举左手牵蛇尾；内栏上格在悬圃之顶上站立二人对语，下格刻执殳门吏躬身侍应	纵89、横36	断裂	1971年4月出土	
6		右竖石	与左竖石对称布局，内容略同	纵89、横36	完整	1971年4月出土	
7	M1 墓室壁面	横楣石	画面分为上、下两栏，上栏在柯枝间添刻珍禽异兽，两端有日月轮；下栏左端刻一人骑马回射猛虎，右端刻一人面右骑马张弓射杀狐兔，身后跟随一跑马，中间为羽人面向孔雀敬献灵芝	纵38、横167	完整	1971年4月出土	
8		左竖石	画面分为内、外两栏，外栏与横楣上栏图案相接，内栏上格刻西王母高坐树形悬圃之顶，两边有羽人玉兔随侍，下格刻拥彗门吏	纵89、横36	完整	1971年4月出土	
9		右竖石	与左竖石图案相同，惟方向相反	纵89、横36	完整	1971年4月出土	

序号	位置	名称	画像石内容	尺寸（厘米）	保存状况	来源	图号
10	M2墓门	横楣石、左、右门柱石	为一块总石料，中间剔去门扉位置。画面分为内、外两栏，外栏在卷云蔓草间添缀羽人、熊、鹿等灵禽瑞兽，两端有伏羲女娲手捧日月轮；横楣内栏为紧张的人兽搏斗场面，左门柱石内栏上格刻一人跨神山仙树张弓射鸟，下两格分别刻一舞女和虎，底端刻一牛车，右门柱石内栏相对左门柱石的虎和牛车刻龙和轩车，其余相同	纵172、横192	完整	1971年4月出土	
11							
12							
13		左门扉石	上朱雀，中铺首衔环，下灰兕	纵114、横50	完整	1971年4月出土	
14		右门扉石	上朱雀，中铺首衔环，下灰兕	纵114、横50	完整	1971年4月出土	
15	M2墓室壁面	横楣石	画面分为上、下两栏，上栏为绶带穿璧纹，下栏中间刻二人坐于厅堂内，两侧有龙、虎、马等相向而去	纵41、横172	残	1971年4月出土	
16		左竖石	外栏与横楣石上栏图案连接，内栏上刻一鸡首像坐于悬圃上，下刻一重檐阙楼	纵89、横39	完整	1971年4月出土	
17		右竖石	与左竖石相对，内栏上部为一牛头像，其余相同	纵89、横39	完整	1971年4月出土	
18	M2墓室壁面	横楣石	画面分为上、下两栏，上栏为绶带穿璧纹，下栏中间刻二人坐于厅堂内，两侧有虎、麒麟、马、羽人等相向而去	纵41、横172	断裂	1971年4月出土	
19		左竖石	外栏与横楣上栏图案连接，内栏上刻一牛头像坐于悬圃上，下刻一重檐阙楼	纵89、横39	完整	1971年4月出土	
20		右竖石	与左竖石相对，内栏上部为一鸡首像，其余相同	纵89、横39	完整	1971年4月出土	
21	M2墓室壁面	横楣石	画面分为上、下两栏，上栏在卷云蔓草间穿插众多的珍禽瑞兽，两端刻日月轮；下栏中间有一孔雀向左行进，两边各有二骑士射猎虎鹿	纵41、横181	断裂	1971年4月出土	
22		横楣石	画面分为上、下两栏，上栏为绶带穿璧纹，两端刻日月轮；下栏刻麒麟、翼龙、孔雀及二骑士张弓回射狐虎的场面	纵40、横167	完整	1971年4月出土	
23	M3墓门	左门柱石	上部外栏为绶带穿璧图，内栏上格刻西王母高坐悬圃顶端，两边有羽人玉兔侍侯，下格刻一拥彗门吏；下部刻一马面右飞奔	纵91、横34	完整	1971年4月出土	

序号	位置	名称	画像石内容	尺寸（厘米）	保存状况	来源	图号
24		右门柱石	与左门柱内容相同，方向相反	纵91、横34	完整	1971年4月出土	
25	M3墓门	左门扉石	上朱雀，中铺首衔环，下一虎	纵111、横41	完整	1971年4月出土	
26		右门扉石	上朱雀，中铺首衔环，下一龙	纵111、横41	完整	1971年4月出土	
27		横楣石	画面分为上、下两栏，上栏为连续的如意云纹，左、右角上刻日月轮；下栏刻车骑出行图，共二辆辎车一辆轺车，前后有骑卫护从	纵36、横181	完整	1971年4月出土	
28		左门柱石	画面分为两部分，上部外栏为如意云纹，内栏上格刻一人侧坐于悬圃上，前有羽人，下有翼龙和牡鹿，下格刻拥彗门吏；下部刻龟蛇缠绕的玄武	纵90、横38	完整	1971年4月出土	
29	M4墓门	右门柱石	画面与左门柱石相对布置，上部边饰和下部玄武图相同。内栏上格刻西王母高踞悬圃之巅，两侧有羽人玉兔侍应，下格刻执戟门吏	纵90、横38	完整	1971年4月出土	
30		左门扉石	上朱雀，中铺首衔环，下灰咒	纵113、横50	完整	1971年4月出土	
31		右门扉石	上朱雀，中铺首衔环，下灰咒。下边框上以阴线刻一犬静卧、一狐奔逃的轮廓像	纵113、横50	完整	1971年4月出土	
32	M4前室南壁	横楣石	画面分为上、下两栏，上栏为连续如意云纹；下栏左部刻狩猎图，共五骑士，张弓策马追射虎、獐、狐、兔，右部刻羽人、桃拔、麒麟、翼虎、翼龙和荼首	纵39、横276	断裂	1971年4月出土	
33	M4前室北壁	横楣石	画面正中央刻重檐阁楼内对坐二人，身后有役从随侍。阁楼外建高大的重檐阙楼，两旁有仆从躬身迎候相向而至的车马列队，至少有三辆辎车和一辆轺车。车马队上方刻如意云纹和孔雀、飞鸟等	纵36、残横240	残	1971年4月出土	
34	M4墓室壁面	横楣石	上栏为如意云纹，下栏残存六舞伎面对楹柱施乐	残纵35、横89	残	1971年4月出土	
35	M4墓室壁面	横楣石	上栏为如意云纹，下栏残存骑马出行图局部	残纵36、残横68	残	1971年4月出土	
36	M4墓室壁面	竖石	画面分成大小不等的十一格，内刻西王母、女娲持灵芝、舞伎、玉兔捣药、卧鹿、博山炉和家禽等	纵113、横39	完整	1971年4月出土	
37	M4墓室壁面	竖石	画面正中为一高大的楹柱，上承斗栱，两侧方格内分别刻羽人持献灵芝和三组舞伎活动的场面	横38、残纵88	残	1971年4月出土	

序号	位置	名称		尺寸（厘米）	保存状况	来源	图号
38	M4 墓室壁面	竖石	与以上竖石相对布局，内容基本相同	横 38、纵 112	基本完整	1971 年 4 月出土	
39	M4 墓室壁面	竖石	刻连续的如意云纹	纵 118、横 22	完整	1971 年 4 月出土	
40		竖石	刻连续的如意云纹	纵 118、横 22	完整	1971 年 4 月出土	
41	M4 墓室壁面	竖石	刻连续的如意云纹	纵 118、横 22	完整	1971 年 4 月出土	
42		竖石	刻连续的如意云纹	纵 118、横 22	完整	1971 年 4 月出土	
43	M4 前室壁面	竖石	画面正中刻高大的楹柱，上承斗栱，两侧方格内分别刻羽人献灵芝、二人对语、勾镶对械、跪拜和舞蹈等场面		基本完整	1971 年 4 月出土	
44	M4 前室壁面	竖石	画面分为大小不等的八格，内刻西王母、女娲持灵芝、格斗和讲述场面等，最下格为"二牛抬杠"农耕场景		完整	1971 年 4 月出土	
45	M4 前室北壁	中柱石	画面分三栏，两边刻绶带穿璧纹，中间阳刻"永初元年九月十六日牛文明于万岁室长利子孙"二十字	纵 140、横 29	基本完整	1971 年 4 月出土	
46	M4 前室	顶心石	中刻一圆，四周环绕连续的如意云纹	纵 34、横 34	完整	1971 年 4 月出土	
47	M4 后室	顶心石	中刻一圆，四周环绕连续的如意云纹	纵 34、横 34	完整	1971 年 4 月出土	
48	墓前室北壁	中柱石	正面隶体阴刻"永和四年九月十日癸酉河内山阳尉西河平周寿贵里牛季平造作千万岁室宅"三十二字	纵 112、横 33.5、厚 12	完整	1981 征集	图一
49	M5	横楣石	刻画紧张的射猎场面，共十八骑，骑手持弓、箭、戟、筆等奋力射杀熊、虎、鹿、狐等，画面中间阴线刻"牛君"二字	纵 30.5、横 322.5、厚 7	完整	1981 征集	图二
50		横楣石	画面分为上、下两栏，上栏及两端为如意云纹，下栏中间刻一垂挂帷幔的阁楼，两旁对立二侍从，侍从身后分别有荷戟导骑和一辆辎车朝阁楼而去	纵 43、横 211、厚 6.5	完整	1981 年 8 月出土	图三
51	M6 墓门	左门柱石	画面分为上、下两部分。上部外栏与横楣石左端纹饰连接，内栏上刻双层望楼，楼上有伏羲对着嘉禾起舞，下刻拥彗门吏躬身侍立。下部为玄武图	纵 108、横 36、厚 6	完整	1981 年 8 月出土	图四，1
52		右门柱石	画面与左门柱石相对，上部内栏刻与伏羲相对的女娲图像	纵 107.5、横 36、厚 7	完整	1981 年 8 月出土	图四，2

序号	位置	名称	画像石内容	尺寸（厘米）	保存状况	来源	图号
53	M6墓门	左门扉石	画面分为三部分。上刻朱雀，中刻铺首衔环，下刻灰兕	纵116.5、横49.5、厚4.3	断裂	1981年8月出土	图五，1
54		右门扉石	画面内容与左门扉石一致，惟方向相反	纵117、横49.5、厚4	完整	1981年8月出土	图五，2
55	M6前室南壁	横楣石	画面分为上、下两栏，上栏为如意云纹；下栏为车骑出行队伍，共三辆轺车和二辆骈车，车前车后有导骑和护卫骑，左有二人跪拜、三人躬身迎迓	纵37、横158、厚9	断裂	1981年8月出土	图六
56		左门柱石	画面分为内、外两栏。外栏刻一高大的楹柱，上承斗栱，内栏四格内分别刻孔雀、马拉骈车、马拉骈车、饲马图	纵112、横70、厚7	完整	1981年8月出土	图七，1
57		右门柱石	画面内容与左门柱石相同，方向相反	纵112.5、横68.5、厚7	完整	1981年8月出土	图七，2
58	M6前室东壁	横楣石	画面分为上、下两栏。上栏为如意云纹，其间穿插羽人和灵禽异兽，下栏刻车骑出行队伍，共六辆辇车，均有骑吏护卫	纵36.5、横241、厚7.5	断裂	1981年8月出土	图八
59		左门柱石	画面分为内、外两栏。外栏刻楹柱，上承斗栱，内栏分四格，第一格刻孔雀、鸱鸮、狐，第二格刻翼龙，第三格刻铺首，上部刻家犬和家禽，下部刻清除马粪图	纵113.5、横68.5、厚7.5	完整	1981年8月出土	图九，1
60		右门柱石	画面内容与左门柱石完全相同，方向相反	纵109.5、横68.5、厚7	断裂	1981年8月出土	图九，2
61	M6前室西壁	横楣石	画面分为上、下两栏，上栏如意云纹间填刻珍禽瑞兽，下栏为绶带穿壁图	纵38.5、横248.5、厚7.5	完整	1981年8月出土	图一〇
62		横壁石	画面两端刻斗栱楹柱，中间分为五栏，一、二栏为车骑出行队伍，三栏中有阁楼，两旁为舞蹈图，四栏为如意云纹，五栏为骑猎图	纵109、横275、厚10	完整	1981年8月出土	图一一
63	M6前室北壁	横楣石	画面分为上、下两栏。上栏为如意云纹，中添龙、虎、羽人等，下栏刻翼龙、麒麟、桃拔、天马、翼虎、白虎、荼首和羽人、伏羲女娲，相互间以嘉禾分隔	纵39、残横227、厚7.5	残断	1981年8月出土	图一二
64		左门柱石	画面分为四格，第一格刻二人跽坐榻上，长者作手势正在讲述，第二格刻一人对着旁边二人述说，第三格刻四人长裙曳地相向站立，第四格刻博山炉，炉盘上生长两棵高大的嘉禾	纵107.5、横38、厚5.5	基本完整	1981年8月出土	图一三，1

序号	位置	名称	画像石内容	尺寸（厘米）	保存状况	来源	图号
65	M6前室北壁	右门柱石	画面内容与左门柱石完全相同，方向相反	纵107.5、横38、厚6	完整	1981年8月出土	图一三，2
66	墓门	横楣石	画面分为上、下两栏。上栏及两端为草叶纹，左、右角上刻日月轮；下栏刻车骑出行场面，共三辆轺车，跟随骑吏三人	纵39.5、横190、厚7	完整	1981年征集	图一四
67		左门柱石	画面分为上、下两部分。上部外栏草叶纹与横楣左端图案相接，内栏上格为西王母，下格为拥彗门吏；下部仅占画面的五分之一，刻玄武图	纵107.5、横36.5、厚7	完整	1981年征集	图一五，1
68		右门柱石	画面与左门柱石相对，除门吏执棨戟外，其余内容完全相同，方向相反	纵106.5、横34、厚7.5	完整	1981年征集	图一五，2
69		左门扉石	画面分为两部分。上刻朱雀，下刻铺首衔环	纵104、横45、厚4	完整	1981年征集	图一六，1
70		右门扉石	画面内容与左门扉石相同，方向相反	纵104、横45、厚4.5	完整	1981年征集	图一六，2
71	墓室壁面	左竖石	画面分为内、外两栏，内栏分上、下两格。纹饰以云气纹为主，中间穿插麋、鹿、羚羊等动物，上部刻一兽面	纵126、横26、厚7.5	完整	1981年征集	图一七，1
72		右竖石	画面内容风格与左竖石相似	纵125、横26、厚7.5	完整	1981年征集	图一七，2
73		右竖石	画面内容风格与左竖石相似	纵109、横26.5、厚8	完整	1981年征集	图一七，3
74		左竖石	画面分为内、外两栏，外栏为云絮纹，内栏分上、下两格，上格刻西王母高踞悬圃之顶，旁有羽人侍应，下格刻博山炉，四周云气萦绕，炉顶立一凤鸟	纵104、横36、厚6.5	完整	1981年征集	图一八，1
75		右竖石	画面与左竖石相对，内容大致相同，上格对应西王母处为东王公	纵105、横37、厚8	完整	1981年征集	图一八，2
76	墓室壁面	左竖石	画面分为内、外两栏，外栏为云絮纹，内栏分上、下两格，上格刻西王母高坐悬圃上，左有玉兔正在捣药，下格刻一凤鸟站立博山炉顶上，周围云气缭绕	纵107.5、横36.5、厚6	完整	1981年征集	图一九，1
77		右竖石	画面与左竖石相对，内容大致相同，上格对应西王母处为东王公	纵107.5、横36.5、厚6.5	完整	1981年征集	图一九，2

序号	位置	名称	画像石内容	尺寸（厘米）	保存状况	来源	图号
78	墓门	左门柱石	画面分为内、外两栏，外栏在卷云纹中穿插珍禽异兽，内栏分四格，第一格残，第二格为拥彗门吏，第三格刻一马，第四格较小，刻一只卧犬	纵91、横41、厚10	完整	1981年征集	图二〇，1
79		右门柱石	画面内容布局与左门柱石完全相同，方向相反	纵91.5、横40.5、厚10	完整	1981年征集	图二〇，2
80	墓室壁面	右竖石	画面分为内、外两栏，外栏分四格，第一格刻玉兔捣药，第二格刻羽人献芝草，第三格刻一卧鹿，第四格刻朱鹮和鸡鸭家禽；内栏亦分四格，第一格刻执戟门吏，第二格刻拥彗门吏，第三格刻玉兔捣药，第四格刻一人洒扫	纵118.5、横50.5、厚6	完整	1981年征集	图二一
81	墓室壁面	左竖石	画面分为三栏，内、外栏为云气纹，中间在祥云间刻一只牡鹿	纵102.5、横90.5、厚4	完整	1981年征集	图二二
82		右竖石	画面与左竖石相对刻一只羝羊	纵125.5、横91、厚6	完整	1981年征集	图二三
83	墓门	左门柱石	画面分为上、下两部分，上部外栏为卷云纹，内栏上格刻西王母，下格刻一拥彗门吏；下部上格为玄武，下格一人执物在前，后有马拉辇车相随	纵107.5、横40.5、厚6	完整	1981年征集	图二四
84	M7墓门	横楣石	画面分为上、下两栏。上栏在卷云蔓草间穿插灵禽异兽，两端刻日月轮；下栏刻天马、麒麟、翼龙、桃拔、翼虎瑞兽向左行进，上方空白处填朱雀等异鸟点缀	纵43.5、横190、厚11	基本完整	1985年出土	图二五
85		左门柱石	画面分为上、下两部分。上部外栏与横楣左端纹饰衔接，内栏分两格，上格刻西王母，下格刻躬身拥彗门吏；下部占画面的五分之一，刻玄武图	纵123、横38.5、厚10	基本完整	1985年出土	图二六，1
86		右门柱石	画面内容和风格与左门柱石基本一致，相向刻画	纵127、横38、厚12	完整	1985年出土	图二六，2
87		左门扉石	上朱雀，中铺首衔环，下灰兕	纵119、横54、厚5	基本完整	1985年出土	图二七，1
88		右门扉石	画面内容与左门扉石一致，亦上朱雀，中铺首衔环，下灰兕，方向相反	纵124.5、横53、厚4	完整	1985年出土	图二七，2

序号	位置	名称	画像石内容	尺寸（厘米）	保存状况	来源	图号
89	M7 前室南壁	横楣石	画面分七格，按轴为对称图形两边对称刻兽面铺首、朱雀、虎、玄武、翼龙和孔雀等	纵 72.5、横 273.5、厚 9.5	断裂	1985 年出土	图二八
90		左门柱石	画面分为上、下两部分。上部分内、外两栏，外栏为如意云纹，内栏分三格，第一格刻虎，第二格刻翼龙，第三格刻羽人持献灵芝和拥彗门吏；下部刻博山炉	纵 166、横 34、厚 8	完整	1985 年出土	图二九，1
91		右边柱石	画面内容与左门柱石完全相同，方向相反	纵 156、横 34.5、厚 10	完整	1985 年出土	图二九，2
92		左边柱石	刻连续如意云纹	纵 153、横 20.5、厚 7.5	完整	1985 年出土	图三〇，1
93		右边柱石	刻连续如意云纹	纵 158、横 27.5、厚 12.5	基本完整		图三〇，2
94	M7 前室东壁	横楣石	画面分为上、下两栏。上栏为如意云纹，下栏刻车骑出行队伍，共有二辆轺车和三辆辂车面左行进，前后均有骑吏护从	纵 41、横 258、厚 10	断裂	1985 年出土	图三一
95		左门柱石	画面分为六格，第一格刻二人于榻上对语，第二格刻飞奔的马驾一轺车，第三格刻静候的马拉一辂车，第四格刻二骑吏，第五格与第四格同，第六格刻牛车和鸡鸭家禽	纵 148、横 34、厚 10	完整	1985 年出土	图三二，1
96		右门柱石	画面内容与左门柱石完全相同，方向相反	纵 154.5、横 33.5、厚 9.5	完整	1985 年出土	图三二，2
97		左边柱石	刻连续如意云纹	纵 168、横 19、厚 9.5	完整	1985 年出土	图三三，1
98		右边柱石	刻连续如意云纹	纵 156.5、横 25、厚 12	完整	1985 年出土	图三三，2
99	M7 前室西壁	横楣石	画面分为上、下两栏。上栏卷云蔓草间隐现羽人和众多的珍禽异兽，下栏刻天马、翼龙、翼虎、麒麟、桃拔、仙鹤等	纵 41、横 258.5、厚 9.5	完整	1985 年出土	图三四
100		左边柱石	刻连续如意云纹	纵 161.5、横 29、厚 8	完整	1985 年出土	图三五，1
101		右边柱石	刻连续如意云纹	纵 154、横 29、厚 8	完整	1985 年出土	图三五，2
102		中柱石	画面中间为一高大的楹柱，上承斗栱，两侧刻马、鹿、龙、虎、捣药玉兔、骑吏等	纵 137、横 49、厚 9	完整	1985 年出土	图三六

序号	位置	名称	画像石内容	尺寸（厘米）	保存状况	来源	图号
103	M7前室北壁	横楣石	画面分为上、下两栏。上栏为车骑出行队伍，有五辆辎车和一辆轺车，前后跟随骑吏护卫；下栏中间刻众人欣赏优人表演图，两边刻龙、虎、麒麟、羽人和捣药玉兔等	纵38.5、横285.5、厚12	完整	1985年出土	图三七
104		左边柱石	画面分为十一格，内刻人物拜会、乐舞场面和犬、鹿、马及一人洒扫	纵160、横50、厚10	基本完整	1985年出土	图三八，1
105		右边柱石	与左边柱石内容基本相同，方向相反	纵161.5、横46.5、厚10	完整	1985年出土	图三八，2
106		中柱石	刻连续如意云纹	纵162、横29、厚11	基本完整	1985年出土	图三九
107	M7前室	顶心石	画面中间减地浅浮雕刻一圆	纵27.5、横27.5、厚11	完整	1985年出土	图四〇
108	M8墓门	横楣石	画面分为上、下两栏，上栏为窃曲龙纹，中间穿插奔跑的小兽等；下栏中间刻一兽面，两边二瑞兽相向而抵，两端刻翼龙。物像以墨线描绘细部	纵35.5、横186、厚8.5	完整	2000年出土	图四一
109		左门柱石	画面分内、外两栏，外栏与横楣两端图案相接，内栏分上、下两格，上格刻昂首前视的朱雀，下格刻一拥彗门吏面右躬立	纵120、横41.5、厚7.5	完整	2000年出土	图四二，1
110		右门柱石	画面与左门柱石相对布局，内栏上格同为朱雀，下格门吏手持一物躬身侍立	纵120、横46、厚6	完整	2000年出土	图四二，2
111		左门扉石	上朱雀，中铺首衔环，下灰儿。墨线描绘细部	纵110、横50、厚5	残断	2000年出土	图四三，1
112		右门扉石	与左门扉石内容相同，方向相反	纵110、横51.5、厚4.5	断裂	2000年出土	图四三，2
113	M8前室南壁	横楣石	画面分为上、下两栏，上栏为云气纹，中间隐现众多的灵禽异兽，左、右角上各有一铺首；下栏刻灵兽图，中间为一毛发贲张的怪兽面，两旁有翼龙、翼虎、熊、羽人等相向而行	纵34.5、横292、厚9	完整	2000年出土	图四四
114		左门柱石	画面分内、中、外三栏，内、外栏为云气纹，中间填缀灵异。中栏刻一牡鹿昂首扬角面右，四周祥云缭绕，灵鸟伴翔，上方停歇二只朱雀	纵131、横104、厚8	完整	2000年出土	图四五，1
115		右门柱石	画面与左门柱石相对布置，中栏刻一只羝羊面左，周围云气环绕，灵禽作伴	纵127、横106、厚7.5	完整	2000年出土	图四五，2

序号	位置	名称	画像石内容	尺寸（厘米）	保存状况	来源	图号
116	M8 前室北壁	横楣石	画面分为上、下两栏，上栏刻窈曲龙纹，中间穿插灵禽瑞兽，下栏左端为一庭院，院外门吏正在迎接远道而来的车马队	纵34、横324、厚11	断裂	2000 年出土	图四六
117		左边柱石	画面分内、中、外三栏，外栏与横楣两端图案衔接，中栏分上、下两格，上格刻西王母高踞悬圃之上，下格在悬圃顶上有一铺首，内栏为勾云蔓草纹	纵122.5、横60、厚10	完整	2000 年出土	图四七，1
118		右边柱石	画面与左门柱石相对布局，内、外栏内容相同，中栏上格刻东王公，面前有玉兔捣药，树下有羽人、桃拔等，下格亦在悬圃上方刻一铺首	纵125.5、横63.5、厚10.5	完整	2000 年出土	图四七，2
119		中柱石	画面中间立一长柱，柱头为一兽面，柱身上缠绕龙凤，柱旁有三羽人	纵107、横14、厚7	完整	2000 年出土	图四八
120	M8 前后室间的过洞壁	左边侧石	画面自上而下分为四格，上、下两格刻云气纹，中添羽人、飞鸟，中间两格分别刻二妇人相对作拜	纵134、横48、厚11.5	完整	2000 年出土	图四九，1
121		右边侧石	画面与左侧石相对，亦分为四格，上、下两格同为云气纹，中间两格分别刻戴冠男子对拜图	纵131、横48、厚15	完整	2000 年出土	图四九，2
122		隔墙石	双面画像，一面分四格，上、下两格为云气纹，中添羽人、灵兽，中间两格分别刻男女二人对拜图；另一面相对画，中间两格对应的是戴冠持物男子对语拜见图	纵141.5、横46.5、厚12.5	完整	2000 年出土	图五〇
123	M8 墓室壁面	横楣石	画面分为上、下两栏，上栏为窈曲龙纹，中间穿插灵禽瑞兽；下栏刻骑吏和跪伏于地的仆从正在迎接从远方而来的客人的盛大场面，宾客的主人骑一匹高大的骏马停立在前，身后跟随二护卫骑，之后有一马队并排站立，马队前后有骑吏引领护从。画面右端添刻狐兔和飞鸟	纵34、横291、厚6	断裂	2000 年出土	图五一
124		左门柱石	画面分为内、外两栏，外栏为云气纹，内栏分上、下两格，上格在树形悬圃之顶上刻两个羽人，下格刻一佩剑牛首人身门吏	纵123.5、横36、厚4	完整	2004 年公安局移交	图五二，1

序号	位置	名称	画像石内容	尺寸（厘米）	保存状况	来源	图号
125		右门柱石	画面与左门柱石相对布置，外栏为云气纹，内栏上格刻西王母高踞悬圃之巅，下格为一佩剑的鸡首人身门吏	纵127、横36、厚4	完整	2004年公安局移交	图五二，2
126	M8墓室壁面	左边柱石	画面分内、外两栏，外栏为窈曲龙纹，内栏分上、下两格，上格刻头角上连璧的兽面和背生翼的独角桃拔，下格在云气中刻牡鹿和虎	纵128、横25.5、厚6	完整	2000年出土	图五三，1
127		右边柱石	画面与左边柱石对应，外栏主纹饰间隐现灵禽异兽，内栏上格内容基本相同，下格刻羽人和翼龙	纵127、横25.5、厚7	完整	2000年出土	图五三，2
128		横楣石	画面分上、下两栏，上栏为窈曲龙纹，中间填缀鱼、兔、飞鸟等；下栏刻阵容庞大的马队向左行进	纵34、横291、厚6	断裂	2000年出土	图五四
129		左门柱石	画面分内、外两栏，外栏为勾云纹，内栏分上、下两格，上格刻西王母高坐悬圃之顶，下格为瞪目呲牙的兽首人身门吏	纵128.5、横36、厚5	完整	2004年公安局移交	图五五，1
130	M8墓室壁面	右门柱石	画面与左门柱石相对布局，内栏上格在悬圃顶上刻画一兽，下格为拥彗门吏	纵125、横36、厚4	完整	2004年公安局移交	图五五，2
131		左边柱石	画面分内、外两栏，外栏为窈曲龙纹，内栏分上、下两格，上格上部刻一兽面角上勾圆璧，下部有一蟾蜍，下格在云气中刻独角兽和鸱枭，上方群鸟飞绕	纵120.5、横25、厚6	完整	2000年出土	图五六，1
132		右边柱石	画面与左边柱石相对布局，内栏上格内容相近，下格在云气中刻三兽	纵122、横26、厚5.5	完整	2000年出土	图五六，2
133	M8前室	顶心石	画面中间减地浮雕一圆，涂朱色，中黑彩绘三足乌。圆外指向方形四角有草叶纹	纵36.5、横36、厚16.5	残	2000年出土	图五七

后 记

　　本报告是参加2005年米脂官庄汉画像石墓发掘工作,以及负责资料整理工作的所有人员的共同劳动成果。

　　报告由乔建军主编、姬翔月任副主编,是榆林市文物保护研究所的科研成果。先后参与报告编写工作的有乔建军、闫宏东、康宁武、姬翔月等。其中,报告的壹部分由乔建军编写,肆部分由乔建军、姬翔月共同编写,附录一由西北大学的刘成和秦始皇兵马俑博物馆的夏寅、王伟锋合作编写,其余部分由姬翔月完成。

　　报告中的发掘现场照片由乔建军、闫宏东、姬翔月拍摄,画像石及遗物照片由王沛拍摄。线图由姬翔月、赵富康绘制,拓片由马海燕等完成。

　　在报告的编写过程中,榆林市文化文物局的领导对报告的出版给予了大力支持,米脂县博物馆馆长艾剑、原馆长申长明给予了帮助。本书还承蒙陕西历史博物馆周天游先生、陕西省考古研究院吴镇烽先生的指点和西北大学段清波先生的审阅。

　　在此,我们对关心、支持和帮助过本报告出版的个人及单位一并表示衷心的感谢!

编者

2009 年 10 月 20 日

Abstract

In 2005 three engraved stone tombs were discovered at Guanzhuang Village in Mizhi County, Shaanxi Province. Among them Tomb M1 is built of blue clay bricks stamped with cord designs, whereas Tombs M2 and M3 of stone bricks. All the three tombs consist of a passageway, an enclosing doorway, an antechamber, a rear chamber. Tomb M2 has, in addition to these components, two side rooms. The engraved stones are placed on the walls of doorways and chambers; altogether they count 43. All the three tombs were looted in antiquity; only some ceramic, bronze, iron, stone, lacquer, bone, glass objects, coins, and animal bones were left over to us. The inscriptions on the stone lintel of the southern wall of the antechamber and the stone pillar of the northern wall indicate that Tomb M2 was built in the reign period of Emperor Andi of the Eastern Han dynasty. The "wushu" coins from Tomb M1 are similar to those from Tomb M2, and the dates of the two tombs must be close. The engraved stones from Tomb M3 are thematically identical to those from Tomb M1 at Huangjiata Village in Suide County in the same province. A piece of inscription from Tomb M1 dates it and Tomb M3 as well to 107AD.

The engraved stones from the three tombs at Guanzhuang and inscriptions along with them are pre-treated with ink line outlining, which remain visible on some stones. Those on the eastern and western walls of the antechamber, which show ribbons passing through jade discs, are painted with red, white, pink, blue, azure blue, yellow, brown, black pigments. Themes of these stones are rather diverse, including mythological figures and animals as well as secular life scenes. The most frequently seen ones are the Mother Queen of the West and the Father King of the East, which appear on gables together with feathered men, deer, fox, and rabbit. The "four animal deities", i.e. blue dragon, white tiger, vermillion sparrow, and black turtle-and-snake, are usually found on door fans and pillars. The sculptures of deer and sheep on the door pillars of Tomb M2 add a veneer of fortune and prosperity to the decorative program of the tomb. Tombs M1 and M2 each have an image of immortals riding a cloud chariot drawn by three rabbits, three whales, three horses, three tigers, six dragons, and three cranes. Secular motifs consist of outings on horse-driven chariots, hunting, dancing and acrobats, doorway attendants, and architectures. Altogether six chariots are engraved and they are accompanied by horse-riding and on-foot guards. The southern wall of the rear chamber of Tomb M2 also features dancing and acrobats. Figures engraved on the doorways are furnished with plaques or swords or both, and some of them are rendered as animal-headed. One figure is especially notable for having deep eyesockets and high nose, conic hat, and riding on horseback. Architectural plans are all simple complexes.

A few remarks may be made regarding the artistic characteristics of the engraved stones. First of all, they are thematically comprehensive. Secondly, motifs are compositionally independent. Thirdly, mythology is combined with the secular life. Fourthly, they are thematically rich. Fifthly, much attention is given to details.

The engraved stones from Guanzhuang, from the angle of either technique or skill, reflect the maturation of stone engraving in northern Shaanxi. The juxtaposition of engraving tradition and distinct form opens a new window into the art and religion of the border regions of the Han dynasty.

官庄墓地

官庄墓地外景
（由东南向西北）

1. 发掘墓地（由西北向东南）

2. 工作现场

2005年发掘墓地及工作现场

1. 墓门

2. 甬道及前室南壁

M2墓葬结构

1.墓葬形制

2.封门

M2墓葬结构

1.封门

4.墓砖

3.墓室（由北向南）

2.墓门

M1墓葬结构

1.钻探现场

2.市文化文物局领导指导工作

考古钻探现场及市文化文物局领导指导工作

1. 东耳室及前室东壁

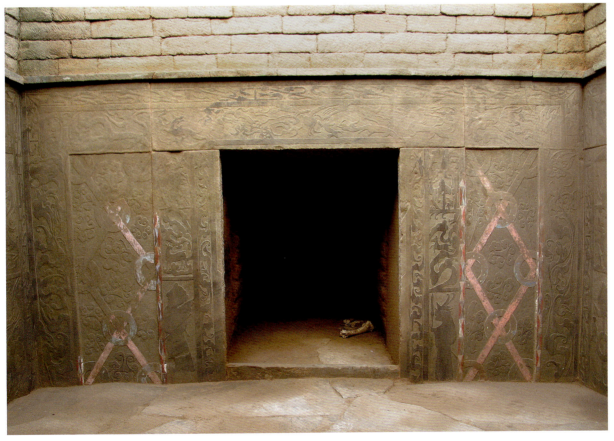

2. 西耳室及前室西壁

M2墓葬结构

1. 前室北壁

2. 后室（由南向北）

M2墓葬结构

1. 漆案

2. 漆套盒遗迹

3. 后室鹿、羊遗骨

4. 后室羊遗骨上的夹胎漆盒

5. 铜五铢钱

M2出土遗物

1. 铜镜（M2:14）

2. 鎏金铜箍（M2:15）

3. 鎏金铜箍（M2:20）

4. 鎏金铜饰件（M2:27）

5. 琉璃耳珰（M2:30）

6. 骨珠串饰（M2:29）

M2出土器物

1. 墓葬形制

3. 前室顶中央

2. 封门

M3墓葬结构

1.墓门

2.前室北壁

M3墓葬结构

1.横楣石

2.朱雀和瑞兽图

3.鸟兽图

4.苍龙图

M1墓门横楣石及局部

1. 左门柱石　　　　　　　　　　　　　　　2. 右门柱石

M1墓门门柱石

1. 左门扉石

2. 右门扉石

M1墓门门扉石

M1墓门右门扉石局部

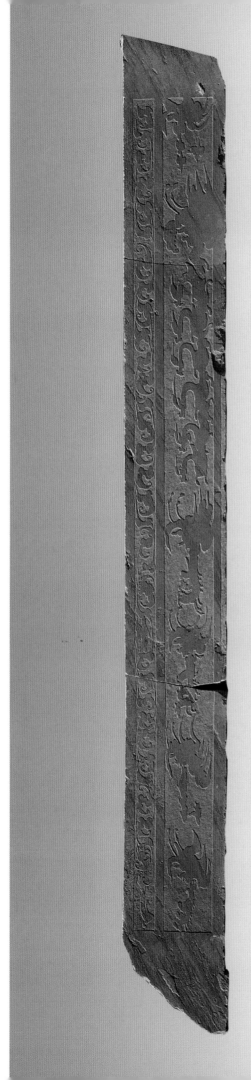

M1前室南壁横楣石

1.兔、鲸驾车图

2.马、虎驾车图

3.龙驾车图

4.鹤驾车图

M1前室南壁横楣石局部

1. 左门柱石   2. 右门柱石

M1前室南壁门柱石

1. 左边柱石

2. 右边柱石

M1前室南壁边柱石

M1前室北壁横楣石

1. 卷云蔓草图案

2. 车马图

3. 车马图

4. 车马图

M1前室北壁横楣石局部

1. 左边柱石   2. 右边柱石

M1前室北壁边柱石

M2墓门门横楣石

1. 人物图

2. 人物图

3. 人物图

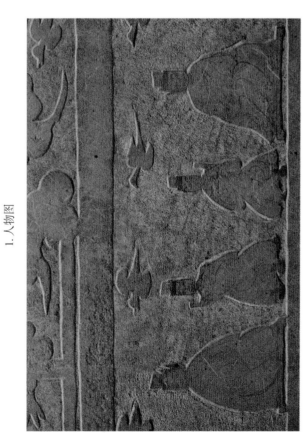

4. 人物图

M2墓门横楣石局部

1.左门柱石　　　　　　　　　　　　　　2.右门柱石

M2墓门门柱石

1.边饰

2.西王母图（出土状况）

3.佩剑捧笏门吏图

4.拥彗门吏图

M2墓门门柱石局部

1.左门扉石　　　　　　　　　　　2.右门扉石

M2墓门门扉石

M2前室南壁横楣中石

1.横楣左石人物图（出土状况）

2.横楣左石铭文（出土状况）

3.横楣左石铭文（出土状况）

4.横楣右石铭文（出土状况）

M2前室南壁横楣石局部

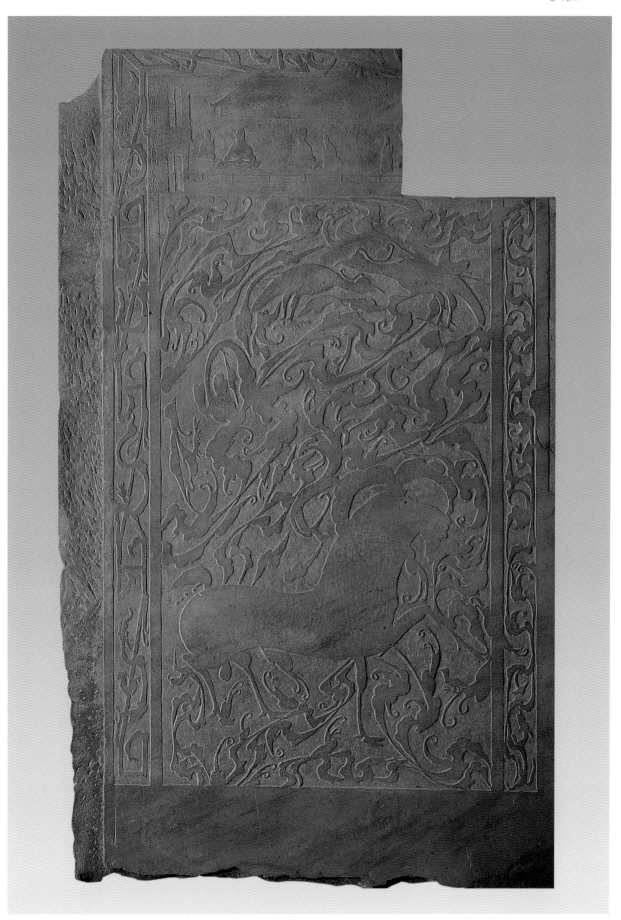

M2前室南壁左门柱石及横楣左石

M2前室南壁右门柱石及横楣右石

M2前室东壁横楣中石

1.骑猎图

2.骑猎图

3.骑猎图

M2前室东壁横楣中石局部

M2前室东壁左门柱石及横楣左石

1.东王公图

2.牡鹿图

3.牛首人身门吏图

M2前室东壁左门柱石局部

M2前室东壁右门柱石及横楣右石

M2前室东壁右门柱石局部

1.桃拔图

3.横楣右石背面墨绘人物图　　　　　　　　2.鸡首人身门吏图

M2前室东壁右门柱石局部

M2前室西壁西壁横楣中石

M2前室西壁左门柱石及横楣左石

M2前室西壁右门柱石及横楣右石

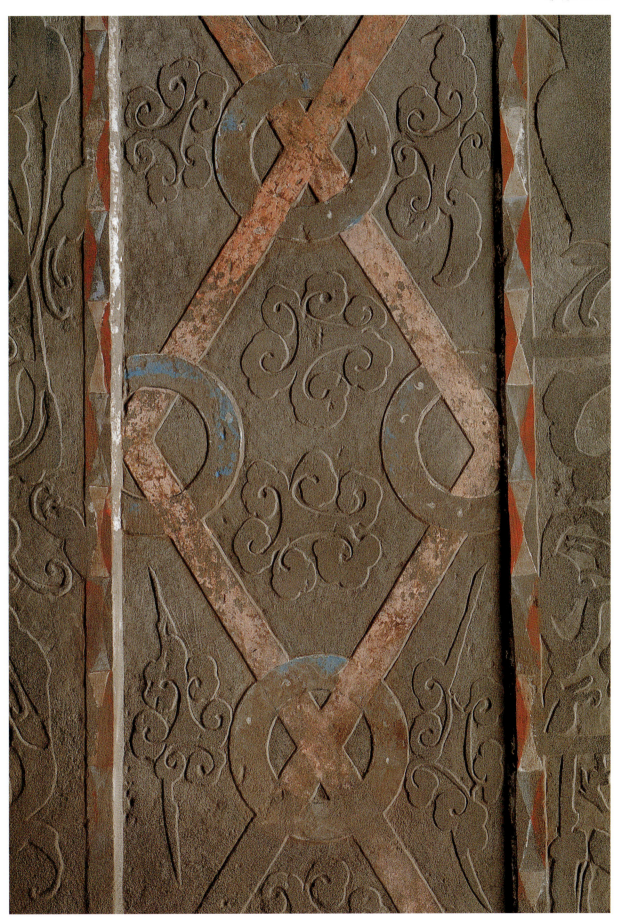

M2前室西壁右门柱石局部

1.铺首图

2.龙图

3.熊首人身门吏图

4.兽首人身门吏图

M2前室西壁画像石局部

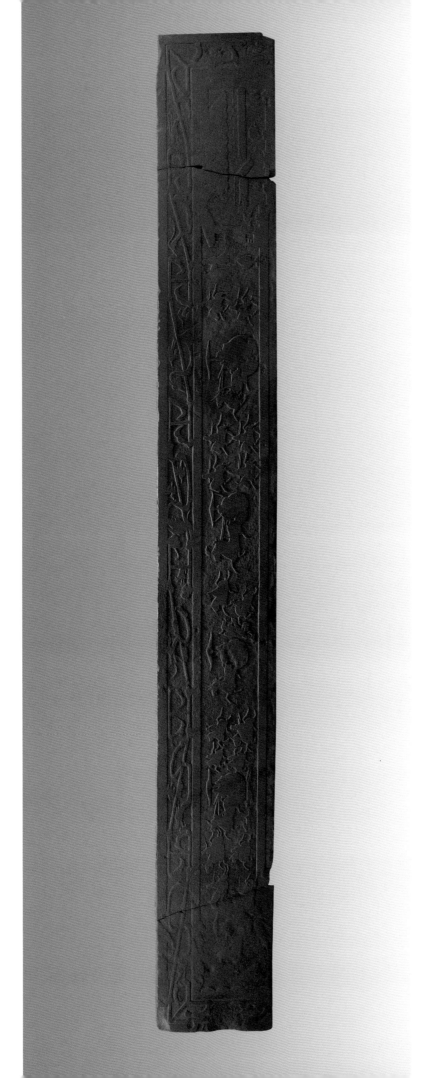

M2前室北壁横楣石

1.宅院图

2.车骑图

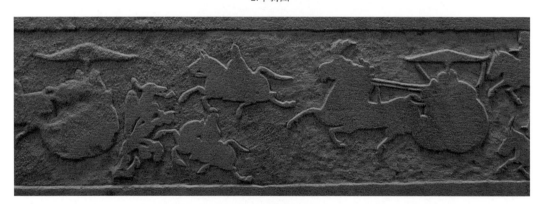

3.车骑图

4.车骑图

M2前室北壁横楣石局部

1.左边柱石   2.右边柱石

M2前室北壁边柱石

1.中柱石

2.铭文（上）

3.铭文（下）

M2前室北壁中柱石及铭文

M2后室南壁横楣石

1.侍从图

2.乐舞百戏图

3.仙人出行图

M2后室南壁横楣石局部

M2后室北壁左竖石

M2后室北壁右竖石

M2后室北壁画像石（出土状况）

1.龙首图

2.云絮图

3.骆驼图

4.大象图

5.祥云凤鸟图

M2后室北壁画像石局部

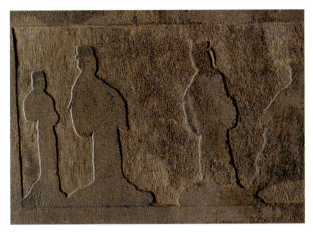

1.拜见图

2.对拜图

3.人物图

4.听讲图

M2后室北壁画像石局部

M3墓门横楣石

1.人和动物填白图

3.辎车图

2.辎车图

5.鸟图

4.鸟图

M3墓门横楣石局部

1. 左门柱石   2. 右门柱石

M3墓门门柱石

1. 西母王图

2. 佩剑捧笏门吏图

3. 羽人瑞兽图

4. 羽人瑞兽图

M3墓门门柱石局部

1. 左门扉石

2. 右门扉石

3. 顶心石

M3墓门门扉石及前室顶心石

M3前室北壁横楣石

3. 上栏纹饰

1. 月轮及下方纹饰

4. 上栏翼龙纹饰

5. 上栏翼龙纹饰

2. 日轮及下方纹饰

6. 下栏骑射图

7. 下栏翼龙赐丹图

M3前室北壁横楣石局部

1. 左边柱石   2. 右边柱石

M3前室北壁边柱石

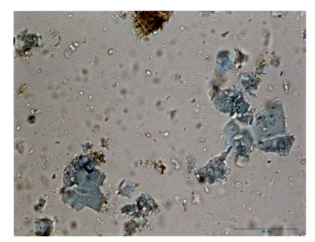

1.蓝色颜料（蓝）

2.蓝色颜料（紫）

3.绿色颜料

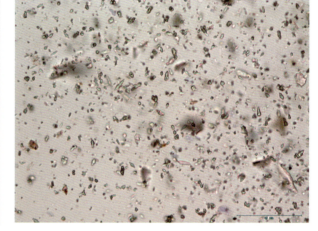

4.天蓝色颜料（白）

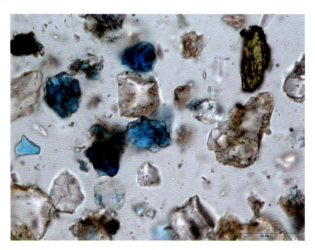

5.蓝色颜料

M2偏光显微分析